新中国外交照片解读

Interpreting the Diplomatic Photos of New China

陈敦德 著

中国青年出版社

图1.1972年2月21日中午，毛泽东与尼克松会面并握手
图2.1976年2月23日中午，毛泽东与尼克松又见面了，两双手紧紧相握
图3.1972年2月21日中午，刚下飞机的尼克松与周恩来首次握手。尼克松倾听周恩来的欢迎辞
图4.中方记者所拍的尼克松向周恩来伸过手来

图1.1945年8月27日，张治中与美国驻华大使赫尔利乘专机到延安接毛泽东去重庆谈判。图为毛泽东送客人到美军观察组驻地途中

图2.1945年8月28日，朱德乘美军观察组吉普车送毛泽东与客人去延安机场

图3.毛泽东在中南海游泳池书房会见希思的全景照片，当时正在交换礼物

图1.邓小平与卡特在人民大会堂见面时紧紧拥抱

图2.1986年10月14日，邓小平陪同英国女王伊丽莎白二世在钓鱼台国宾馆散步

图3.1979年1月29日，邓小平在美国国会演讲的情景

图1.1971年11月15日，乔冠华代表中华人民共和国在联合国大会上发表讲话

图2.中国代表团团长乔冠华、副团长黄华与秘书长符浩在联合国大会的中国席位上

目录

自序
我写"新中国外交照片揭秘"专栏

　　我本是外交领域的门外汉，因决心触及尼克松总统1972年访华"破冰之旅"的相关题材，在上世纪80年代中期，有了难得的机缘，获准进入新华社资料馆那栋灰色老楼阅读相关海外报刊，特别是西方及港澳台地区的主要报刊。我查阅了1968年至1972年五年间的资料，特别下工夫苦读了这五年新华社自己编印的《大内参》。《大内参》每天有上午版、下午版两期，当天发生的国际大事、要闻皆收录在内。我每期不漏地细读，对重要的及自己感兴趣的内容还做了好些摘录。每天我带着干粮和水壶，从所住的北影大院到小西天搭乘地铁前往新华社，馆楼开门的时候我已等在旁边了，进去后直到下午关门时才离开。我断断续续在楼里读了半年资料，终于对1968年至1972年那个时期的国际风云变幻了然于心了，我这才开始采访当年"破冰之旅"的亲历者、见证人及研究者等。半年的充分准备使我常一开口提出的问题就让被访者感到惊讶，因此访问进行得也比较顺利，探讨的问题也能够深入、细致，这使我得益匪浅。研究资料与深入访谈的那段时间所做的积累奠定了我之后涉足外交题材的基础，后来，在拍电影（本职专业）的同时，我还致力于外交题材的原创纪实作品的写作。写作中，我得到了改革开放以来老一辈外交家们及外交部各届领导的大力支持，作品不断问世、再版。

时过境迁，现在新华社现代化资料馆和数字信息系统已令世界传媒界羡慕；但是，对我来说，当年的那座老灰楼，在我的人生中却有着重要的意义，可以说是我人生起步的地方，因此我格外珍惜和回味。馆员笑盈盈地抱着沉沉的一沓沓老报纸出来，我翻阅它们时那栩栩轻响，仿佛就发生在昨天。

老外长李肇星常读我的书，曾评价我"以大半辈子的精力来表现新中国外交"。在他的过问下，2007年春，我得以结集出版一套九本的《新中国外交年轮丛书》。丛书是以纪实手法再现新中国外交的一系列重大事件，新华社的相关领导及《摄影世界》杂志主管编辑看了这套书，很有想法。要知道，新华社从抗战初年延安窑洞时期创建以来，就为中国共产党从延安时代的"半外交"，到新中国开国外交，再到改革开放时期的外交，保存了丰富的照片，记录了数十年的历史进程。这些数量极为可观的照片，是新华社的一笔关于中共党史和新中国外交史的极其珍贵的财富。于是，他们就产生了在新华社摄影部主办的《摄影世界》杂志上开辟每月一期的"新中国外交照片揭秘"专栏的想法。专栏文字由我执笔，大部分照片从新华社的"照片宝藏"里挖掘、挑选，同时，我也使用了好些从外国通讯社、图书馆及相关政要赠予等渠道得来的照片。

新华社摄影部《摄影世界》杂志"新中国外交照片揭秘"专栏自问世以来一直受到各方读者喜爱，好评如潮。本书是该专栏的结集本，收录了自2008年2月至2010年12月的各期文章，根据图书出版的需要对文章布局做了一些调整，对文章内容做了进一步润色加工。衷心地希望读者朋友们继续支持这个专栏，也支持和喜爱这本书。

陈敦德

2011年12月

毛泽东乘坐美军吉普车
——美军观察组在延安

图1.1945年8月27日，张治中与美国驻华大使赫尔利乘专机到延安接毛泽东去重庆谈判。图为毛泽东送客人到美军观察组驻地途中
图2.1945年8月28日，朱德乘美军观察组吉普车送毛泽东与客人去延安机场

　　在所有毛主席生平照片中，这张照片独具魅力（图1），引人不禁细细观赏。毛主席自进北平以后，先是乘坐陈毅送给他的美制防弹老道奇，这是解放济南时缴获的国民党山东省主席的特制座驾。新中国成立后不久毛主席首访莫斯科，斯大林赠给他一辆吉姆车。后来有了国产红旗，他就坐大红旗了。

笔者第一次看到这张延安老照片时，当时所见虽然尺寸不大，却一下子吸引了我，令我十分震惊。它具有如此强烈的表现力，将一段独特而珍贵的历史浓缩在照片里。

我用放大镜对其中人物逐个细看。在黄土高原上，坐在这辆美军吉普车上的，都是上世纪中国历史大转折之际的风云人物啊！身着中山装的毛主席，自信地微笑着坐在吉普车前排，双手轻松自如地放在膝盖上。吉普车后排座位上，仅能坐下美国总统特使赫尔利和国民党首席谈判代表张治中将军，担任主席英语翻译的中央外事组成员黄华挤坐在车沿轮子铁盖上，穿黑布鞋的右脚甚至有点踏空。

这张照片拍摄于1945年8月27日午后，毛泽东、朱德和周恩来等到延河边的延安关东机场，迎接美国驻华大使赫尔利和国民党首席谈判代表张治中，这是他们专程飞来延安接毛泽东去重庆。该照片所拍的是飞机抵达之后，毛主席陪同赫尔利乘美军观察组的吉普车驶往住所途中的一次停留。时逢八年抗战胜利，延安军民仍沉浸在喜悦之中，照片左边未进入镜头的军民向毛主席及客人的热烈欢呼，吸引了车上主人及客人的注视目光。图中纵深入镜的两辆汽车也是美军观察组的军用车。延安时代，毛主席没有专用座车，宋庆龄赠送给延安的一辆救护车，有时也成为毛主席和其他中央领导人外出时使用的交通工具。

图2是彩色照片（另见彩插），摄于次日8月28日午间，毛主席换了服装并戴上帽子，要出远门乘专机去重庆进行那次著名的国共谈判。还是乘坐那辆美军吉普车，送毛主席及客人的朱德总司令坐在头排，毛主席与赫尔利坐在后排。前排三个人笑得很开心，这是笔者在朱老总生平照中少见的笑容灿烂的一张。两张照片中吉普车驾驶员就是当时美军驻延安观察组的军官，这两张照片皆由美军观察组成员约翰·C·科林陆军上尉拍摄，从这两张照片所抓拍的笑容来看，科林上尉是位摄影老手。笔者近年为外交部所编导拍摄的十集电视文献纪录片《陈毅》，用了一段抗战年代延安城街道的彩色纪录

片，镜头清晰流畅、人物形象生动，由于是首次在国内披露，2001年8月在中央电视台播出后，立即接到行内专家电话询问："当时我们延安电影团真能拍彩色纪录片？"我答复："这是当年驻延安的美军观察组拍的。"

这两张主题照片还引出另一段重要历史，即美军观察组进驻延安的历史。这就开始了中共的"半外交"时代。当时是史迪威将军担任中缅印战区副总司令兼驻华美军总司令的时期，史迪威出于早日结束对日战争需要，提出要向延安派驻美国军事使团，便于在八路军、新四军的敌后根据地建立对日情报站，搜集日军部署序列、机场及华北各地气象等情报，便于驻成都机场的美军航空队B-29战略轰炸机群远航轰炸日本本土，并由中共根据地军民救助沿途被击落的美军飞行员。蒋介石惧于美军与中共的军事接触，虚与委蛇，设置障碍，不予批准。美国军方不得已惊动了罗斯福总统，在总统亲自出面施加压力下，老蒋才不得不同意驻华美军派人员进驻延安，但老蒋死活不同

图3.谢伟思等美军军官们参加抢修延安机场。图正中就是谢伟思

图4.毛泽东亲笔签名赠送给谢伟思的照片

图5.1944年7月22日，美军观察组飞抵延安，八路军总参谋长叶剑英到机场迎接。图右为叶剑英，中间者是观察组组长包瑞德

图6.美国军官威廉·泰勒被日军俘虏，从囚俘列车逃脱之后得到八路军一一五师某部救助，经敌后根据地被辗
　　转护送到延安。图为1945年7月间，毛泽东在延安机场送他去重庆时的合影
图7.毛泽东、朱德和包瑞德在延安机场

意使用"驻华美军观察使团"、"中缅印战区美军代表团组"之类的高规格
名称，只同意使用"美军观察组"的名称；但是，美方自己称它为"迪克西
（DIRCXI）使团"，在美国的二战军史书里也常用这个代号。"迪克西"原
指美国南北战争期间南部反叛各州，也含有太阳所照之地的意思。据美军观
察组第一任组长包瑞德上校在其晚年回忆录里说："把共产党控制地区称作
'迪克西'的想法，也许是考虑到这是一个能引起人们好奇心的名字，它暗
示着造反者的家园也是一个'太阳永远照耀的地方'。"

　　当时延安没有空军及民航设施，因此延河滩上的东关机场修建难合标准，
美军观察组的飞机第一次降落时撞断了左螺旋桨，差点出大事故。因此，观察
组到延安后第一件大事就是抢修机场，由空军的克罗姆林少校指挥，驻华使馆
二秘谢伟思任翻译。叶剑英调来一支八路军部队承担抢修任务，美军人士目睹
八路军使用原始工具锄镐铲锹、扁担箩筐，挖土填坑、搬运石块，扁担不够就
用木杠子扛。叶剑英还带了不少八路军总部高官来参与，叶总长一声吆喝，八
路军指挥员们都与战士一起参加劳动，欢笑声不断。美军军官都看呆了，既惊
诧，又感动！这种场面在美军中绝无，在国统区修成都机场时也没有见过。于

图8.美军观察组参观王震的三五九旅。前排左二擦汗者是包瑞德，右二拿笔记本者是王震
图9.日军包围了冀中某村庄，这是随我军民钻入地道的杜伦
图10.笔者专著《接触在1944——美军观察组》一书的封面

是，美军官兵受到感染，也卷起袖子干起来。在场的我方记者高兴地拍了几张照片。谢伟思保留了一张自己与人用木杠子抬竹箩筐的照片。笔者于上世纪80年代见到谢伟思，他说这张修机场的老照片（图3），是他一生中最得意的两张照片之一；另一张则是毛主席亲笔题字签名赠送给他的照片（图4）。关于美国军人们在延安的历史及许多逸事，可读笔者专著《接触在1944——美军观察组》。

延安机场修好之后，在延安与重庆之间建立了一个空中走廊，美军飞机常来常往，我延安高官也得以搭乘便机去重庆。从敌后跳伞逃生的好些美军飞行员，也被我军民救助辗转送至延安乘飞机离开。美国海军军官威廉·泰勒在珍珠港事件中被日军俘获，送到上海关押，后从囚俘列车逃脱并得到八路军救助，经敌后根据地被辗转护送到延安，毛主席、朱老总在枣园窑洞为他开了欢迎会。图6是毛主席在延安机场送泰勒去重庆时的合影。1945年1月，观察组的艾斯·杜伦陆军上尉到冀中根据地考察，日军侦悉其行踪后包围了其所在的皮里村，杜伦上尉随我军民进入地道。鬼子找到了地道口，又是打枪，又是灌烟，要活捉美国军官。坑道里，一位母亲为了不暴露位置，用乳房堵住怀中啼哭的婴儿，婴儿窒息而死。地面上，房东娄大娘拒绝说出美国军官去向，被鬼子砍掉四根手指。一名民兵被烙死。为保护美军上尉脱险，根据地军民付出了沉重代价，留下一段情撼天地的故事。图9这张照片是当时同行的记者石少华用弱光拍摄的，弥足珍贵。

美军观察组在延安，是中共军队与美军的第一次合作。抗战胜利后的几个月里，尽管美国与中共的合作并不顺利，但是驻在延安北门外的美军观察组，一直与我方保持着比较好的工作关系。1947年4月11日，美军一天之内来了七架运输机，将观察组撤离延安，留下几辆中小型吉普车和手摇发电机，折价移交给中央军委三局。但是，当天中午过后，最后一架美军运输机刚刚飞离不久，蒋军飞机就空袭延安，这些美军吉普车大都被炸毁。

从《四万万人民》、八路军电影团到《血战台儿庄》
——电影大师伊文思半世纪的中国情

图1.1938年，周恩来与邓颖超在伊文思送给八路军的电影摄影机前留影
图2.1984年冬，伊文思会见广影厂《血战台儿庄》故事片主创人员。伊文思（左三）、陈敦德（左五）、编剧
田军利（左一）、导演杨光远（左二）、美工帅吴兆华与陈耀功（右二、右一），正中露后脑勺者为编剧
费林军

　　剃着光头的周恩来和邓颖超一起，与一台电影摄影机合影，这张拍摄于
1938年间的主题照片（图1）实在是太珍贵了！长年跟随周恩来的童小鹏为我
提供了这张罕见照片，他当年在汉口遵照周恩来嘱咐，秘密安排了这台创造历
史的电影摄影机的命运。原照片的文字说明是："周恩来与邓颖超在伊文思赠

图3.1938年，伊文思在汉口拍摄的周恩来
图4.伊文思一行使用双机在香港拍摄日机轰炸后的现场
图5.伊文思在去前线过运河的船上拍摄的李宗仁派来的警卫部队

送给八路军的电影机前留影。"最近我一直联系不上童老，无法落实该照片的拍摄者。但我此生有幸求教于给八路军赠送电影摄影机的世界电影大师尤里斯·伊文思（Joris Ivens）先生，图2就是笔者1984年冬带领广西电影制片厂《血战台儿庄》故事片摄制组，向伊文思请教拍摄这部抗战故事片的情景。

　　图1的背景，是1938年春，第五战区司令长官李宗仁指挥台儿庄战役报捷之后。1937年"七七事变"爆发，日本帝国主义全面入侵中国，伊文思表示坚决支持中国人民的抗战，他几乎与白求恩同时来到艰苦抗战的中国。伊文思与摄影师费诺和卡帕，经香港到达汉口，转赴徐州战场，冒着生命危险深入前线，拍摄了中国抗日烽火岁月的好些生动而珍贵的镜头（图3—图6）。他还在汉口拍摄了与宋庆龄的会见，与周恩来、叶剑英的会见，并摄制了八路军召开重要军事会议的镜头。他受斯诺著作《红星照耀中国》的影响，一心向往去延安拍摄。宋美龄打电报阻拦他去延安，周恩来为大局考虑也劝说伊文思不要去延安。但是，伊文思为了表达对英勇抗战的中国人民的敬意，表示将随身自用的那架35毫米"埃姆"摄影机及八盒胶片赠送给八路军。在周恩来指示下，童小鹏秘密安排伊文思，暮色中在汉口郊区中山公园西侧一条马路边秘密赠交摄

图6.伊文思与摄影师费诺、卡帕在台儿庄
图7.19年后的1957年,伊文思访华与吴印咸再次见面,方能仔细辨认对方

影机。我方接头人是左翼影人吴印咸,他乘坐周恩来的座车去接收。环境险恶,交接匆匆,双方默默地握手并转交物品,都来不及看清楚对方的面容就分手了。

这架摄影机后来被辗转带到延安,成为我们人民电影事业的第一部摄影机。吴印咸和袁牧之两人带着这台摄影机和从香港购得的全套电影器材到达延安后,在八路军总政治部下成立了"延安电影团"。吴印咸后来成为新中国摄影艺术的拓荒者。今天我们看到延安时代许多珍贵的历史画面,就是延安电影团用伊文思赠送的这部摄影机拍摄的(图8)。这些历史镜头已成为中国革命极有价值的史料,而伊文思的这部摄影机也作为历史文物,被珍藏在国家博物馆。当年,伊文思在中国拍摄的著名纪录片《四万万人民》(图9),对那个时代产生了重大影响,使全世界了解正在艰苦抗日的中国人民已成为世界反法西斯战线的重要力量,该片成了世界电影史上的经典名篇。我早在当年上电影学院时用的笔记本上记有伊文思一段回忆拍摄台儿庄战役的话,他说:

"1938年我第一次带着摄影机来到中国,参加了你们的抗日斗争,也正是在那时,我生平第一次意识到,我所目睹的是一种十分古老的文明,一种十分悠久

图8.伊文思所赠摄影机在延安被用来为毛泽东拍电影
图9.伊文思的著名纪录片《四万万人民》的英文海报
图10.北京电影学院院长、著名导演成荫。摄于1982年

的文化。也正是在那时，我感受到，一个为独立而战的人民的斗志并不是一个空洞的字眼，而这样的人必能赢得自由。我处处都感到，在这个国度里，群众蕴藏着一股巨大的力量，它是不可战胜的。而我在自己的影片中所表现的正是这些。"故事片《血战台儿庄》的拍摄缘起于电影导演成荫（图10），成荫是新中国成立后成长起来的著名导演，《钢铁战士》《南征北战》《万水千山》及《西安事变》等就是成荫执导的电影故事片，均为新中国电影史上的经典名片。1982年，我在北京电影学院进修，担任院长的成荫有次与我谈话，说起1965年李宗仁回归大陆时，周总理在欢迎李将军的宴会上对成荫等电影人士说，李宗仁将军指挥的台儿庄战役可以搬上银幕。刚刚拍摄《西安事变》获得第三届金鸡奖大奖的成荫对我说，你来自广西，如广影厂要拍该题材，你可以去担纲拍此部电影，以完成周总理生前遗愿。

1984年，广西电影制片厂申报拍摄台儿庄战役抗战故事片的时候，除了得到电影局石方禹局长支持，也得到我国电影界泰斗人物夏衍的鼎力支持。夏公（图11）是经历了抗战的中共老党员和电影界老前辈，十年动乱后坐轮椅复出任文化部主管电影的领导，他召我去汇报时说："我推荐你去向一个亲历台儿庄抗战的电影大师求教，他就是伊文思。他又到中国来了，正在我们文化部担

图11.夏衍（右）听取陈敦德汇报后合影
图12.陈敦德与杨光远在拍摄现场
图13.故事片《血战台儿庄》的海报

任电影顾问。"我真是喜出望外！为组织拍摄台儿庄战役抗战故事片，我有幸得到伊文思大师两次耳提面命的机会。见面都在北京饭店八楼伊文思下榻的套间里。

第一次见面在1984年秋冬间，不久前，伊文思刚刚度过86岁生日。他满头后梳的银发，浓黑竖立的眉毛下双眼仍很明亮，他的亲密伴侣玛瑟琳·罗丽丹也在场。他高兴地说："欢迎你从广西来，李宗仁将军是我当年的好朋友啊。"

一说起李宗仁和台儿庄战役，气氛顿时很热烈。伊文思很兴奋地说："我到了中国内地，就要上前线。与我同行的还有著名的战地摄影师罗伯特·卡帕。我和卡帕强烈要求上前线。无论我怎么要求，李将军总是微笑着婉言拒绝。我和卡帕也很'顽强'，坚持要上前线。李将军终于让步了，给我们派出一支警卫部队。我们终于能身临台儿庄前线。接近台儿庄时，我寻找机会在一片树林里躲起来了，摸到邻近村庄的马厩里，在村民喂马的木食槽下藏身，拍到了运河边一场战斗。"我告诉他说："我在电影学院学习，你的记录这场抗战的《四万万人民》的影片就是我们的教材，就是关于中国抗日战争的真实写照。"

伊文思问起导演人选。我说："成荫导演要拍的，故事片《西安事变》就是他执导的。但不久前，他不幸去世了。"伊文思说："我看过成荫这部影片，感到很亲切。当年我在街头拍摄过抗日游行队伍，也拍摄过军队艰苦的训练。这部影片朴素、凝重、真实，拍摄台儿庄战役就需要这种纪实风格。"

我介绍说："广西电影制片厂是民族地区新建小厂，没拍过战争片，我们准备向解放军八一电影制片厂求援，邀请军事片导演杨光远，他原来是拍战争纪录片的，上前线拍过朝鲜战争，拍过第一颗原子弹爆炸和解放军大演习等。"

再次聆听伊文思大师的教诲，已是数月之后。定名为《血战台儿庄》的剧本正在修改，剧组的主创人员已大体确定。我再次来到北京饭店时带来了广西厂该片剧组编导等主创。走进房间时，我向伊文思一一介绍：导演杨光远，青年编剧田军利和费林军，美工师陈耀功等等。我们的班子确实很优秀，化妆、道具、烟火等对历史题材战争片很重要的人员，大都是获过金鸡奖单项奖的金牌骨干。伊文思与杨光远握手时说："听说您是军人，在烽火战场上拍纪录片过来的。台儿庄战役是中外闻名的重大战役，我主张用纪实风格来拍摄这部故事片，你有这样的经历就好。"

在客厅里，大家围着伊文思围坐成一圈（图2）。伊文思兴致很高，说："你看，除杨导演年事稍长之外，在座的大都很年轻啊。你们大都是30岁左右，在电影事业上也有成就了。我应征入伍当兵，参加过第一次世界大战。后来去拍西班牙内战，然后来中国拍抗战。"伊文思还热情地说："你们拍故事片，除了参考我那部《四万万人民》影片之外，我当时还有一批素材纪录片，也可以参考。我给你们我在巴黎的地址，这些东西都存在巴黎。"

最后，伊文思感慨地说："我有50多年电影创作生涯，有40多年同中国电影界有联系。所以我是中国人民的老朋友了。我热爱中国，中国是我的第二故乡。我忘不了那个叫做台儿庄的村庄，我等着看你们的故事片。"

1986年春，《血战台儿庄》问世了，并获得了当年的金鸡奖、百花奖（图

13）。1987年间，我特地准备了法语翻译，想邀请伊文思先生观看影片并期盼在看片过程中具体求教；他托人捎话说，他正在拍摄酝酿已久的纪录片《风的故事》，等他的影片到北京首映时，一定也看我们的《血战台儿庄》。大师年近九十，对电影仍如此执著，我深深感动。

图14.1938年，伊文思在汉口拍片时的英姿

1989年间，巴黎传来消息，《风的故事》在巴黎成功首映。这已成大师的最后一部作品，这是他带病完成的。是年底传来消息，伊文思在巴黎去世，享年90岁。我听此噩耗，不禁对着《血战台儿庄》的海报及他赠我的旧照（图14）默哀许久。

2009年是新中国成立60周年，也是伊文思先生去世20周年，特撰此文以纪念伊文思大师半世纪的中国情。

毛泽东为廖承志赴港独当一面而举手

——香港有个八路军办事处（上）

图1.1936年冬，廖承志的军装照
图2.1937年12月，廖承志赴港前在汉口八路军办事处留影
图3.1938年8月设立的八路军驻西安办事处

　　图1与图2是廖承志早年仅见的两张身穿军装的珍贵照片。图1是抗战初年，廖承志身穿红军军装拍的。红军长征初到陕北，条件极为艰苦，在红四军饱受磨难的廖承志为消释远在上海老母亲何香凝之牵挂，就借了陆定一的军装拍了这张照片。这就是他赴香港出任八路军驻香港办事处主任之前唯一的一张军装照。图2为1937年12月，廖承志从武汉动身前往香港就任前夕，在汉口八

路军办事处的留影，他胸前佩戴着"陆军第十八集团军总司令部"的证章。

　　"西安事变"和平解决成就了第二次国共合作，国民党同意八路军或第十八集团军在国内几个主要城市设立办事处（图3）。延安方面派出的八路军办事处代表或主任，皆是中共与红军的资深重量级人士：兰州"八办"负责人是谢觉哉（图4），西安"八办"是林伯渠（图5），长沙"八办"是徐特立（图6），南京"八办"是叶剑英（图7），驻新疆"八办"负责人先后是陈云、邓发，驻晋"八办"是彭雪枫（图8），武汉"八办"是董必武（图5），上海"八办"为潘汉年（图11）。

　　当时，香港是连接太平洋地区的国际性枢纽城市，在国内抗战中凸显了极为重要的地位。派谁去香港挑这副担子呢？人选有秦邦宪，秦是中共早期领导人，莫斯科中山大学毕业，精通俄语、英语，翻译了《共产党宣言》，且刚与周恩来一起代表中共参加了"西安事变"和平解决的谈判；有为毛泽东当过秘书，时任广东省委书记的张文彬；有与国民党高层联系密切、有丰富白区工作经验的潘汉年等。当时，李克农已派秦邦宪的弟弟杨琳携带两万美元去香港以开办商号的名义设立"联华公司"。此事经中共要员们在延安窑洞里讨论，毛泽东举手投了廖承志的票。那个时候，是党中央从宝安迁到延安的时期，毛泽东已经将"小廖"称为"宝贝"了。这是有缘由的。

　　红军长征到陕北后，红中社新闻台继续为中央领导收报外国新闻电讯，在宝安，被大家称为"小廖"的廖承志因精通五国外语而专门负责。他每天收听后综合起来写数千字，还负责刻蜡版。这些专供中央领导看的外国电讯稿，也就是今天《参考消息》等刊物的前身。晚年廖公回忆说："每天晚上11点至12点钟的时候，毛主席一定来，来看当天的第一手消息。"毛主席来时，"一面看，一面问，一面谈，一坐就是一两个钟头。"小廖很活跃，还是当时红军剧社的骨干，自己也上台演出，表演很幽默，大家都很喜欢他。

　　廖承志是国民党左派元老廖仲恺的儿子，儿时深得孙中山先生喜爱，因而小廖在国民党中有很深厚的关系，其母何香凝先生在国民党中也深有影响，并

图4.八路军驻兰州办事处的领导人谢觉哉
图5.1939年，林伯渠（左）与董必武（右）在八路军驻重庆办事处
图6.八路军驻长沙办事处的领导人徐特立

力主国共合作。红军长征到陕北之后，毛主席还与何香凝老人通信。当时小廖虽年仅28岁，已有十年中共党龄。他曾留学日本，去过德国、荷兰等国参加国际工运，在日本、德国及上海曾坐牢，参加红四军长征饱受张国焘极"左"迫害。毛主席对小廖很有好感，王震曾说："小廖是我们党一个宝贝，就是从那个时候说起的。"

毛泽东为小廖举手，让其出任八路军香港办事处主任的事就这么确定下来了。1937年10月初，廖承志离开延安之前，毛主席还在窑洞里跟他作过长谈。寒暄过后，毛泽东问："小廖，你到过香港吧？"小廖说："我母亲出生在香港，我早年经常跟随她出入香港。那年新军阀陈炯明囚禁我父亲，母亲怕他斩草除根，就将我和梦醒姐送到香港避难。"毛泽东就此谈了国共合作开展之后，各地办起了八路军办事处，香港在我国抗战中处于很重要的特殊地位，那里有很多国民党朋友，那里能联系广大海外侨胞支援祖国抗战救国，能开展国际统战的重要工作，中央决定要在香港办起八路军办事处的"分号"。

去香港就任之前，廖承志按照毛泽东安排，先经西安到南京"八办"熟悉工作。10月中旬到达南京，他到傅厚岗八路军南京办事处报到，见到了叶剑英、李克农等后立即投入了繁忙的工作（图10）。不到一个月，因日军进攻南

图7.叶剑英（中）与秦邦宪（左）、朱德（右）在八路军驻西安办事处
图8.八路军驻晋办事处领导人彭雪枫
图9.1949年5月，廖承志当选全国青联主席，陪同毛泽东在香山会见青年代表。这是至今可见的毛泽东与廖承
　　志在一起的唯一一张照片

京，国民政府决定西迁，廖承志即与叶剑英、李克农等七人乘车辗转撤到汉口。这年12月下旬，周恩来在汉口会晤从南京撤来的英国驻华大使卡尔将军，对卡尔说：八路军在敌后英勇对日作战，得到海内外赞扬，海外广大华侨纷纷捐助款项、医药和其他物资，可是在香港没有机构办理接收。周恩来说："将军，我想派人到香港去设立一个办事处，不公开挂牌，秘密活动，不妨碍英国中立地位，请将军关照香港英国当局。"日军大举侵华也损害了英国在华利益，因此，中共的要求得到了卡尔将军的应允。

　　1938年元旦一过，刚到汉口的廖承志按周恩来安排，乘火车到广州转搭轮船抵达香港。这时，奉命协助廖承志组建香港"八办"的潘汉年，已经从上海到达香港。在中共香港市委书记吴有恒（图12）等人的帮助下，八路军香港办事处设在闹市的皇后大道18号2楼的一间大房子里，办事处不公开挂牌，房门挂着"粤华茶叶公司"横匾，外室摆各种茶叶的铺面，内室会客办公，接待各方面人士。因当时按秘密工作要求开展工作，潘汉年规定不准照相及送照片给人。因此，至今我们始终未能寻获一张"粤华茶叶公司"的老照片。潘汉年还选择港澳医生柯麟及其胞弟柯正平于深水埗开办的"南华药房"，作为地下秘密工作的备用场所。香港"八办"主要领导人，除了廖承志、潘汉年、吴有恒之外，还有担任香

港"八办"党支部书记兼华侨委员的连贯（图13）。当时，曾留学德国、日本的进步文化青年乔冠华（图14）也参加了香港"八办"的活动，他已在香港写了一批很有见地与影响的国际评论，积极要求加入中共党组织，后来，廖承志和连贯做介绍人，但是由于乔冠华曾在国民党余汉谋部任参谋，香港"八办"决定向延安请示。毛泽东在延安看了乔的相关材料，甚为赞赏，称乔的战时国际评论相当于两个坦克师，欣然同意乔冠华入党。

廖承志抵港前不久，何香凝已经带着深爱廖承志的上海闺秀经普椿，从沦陷的上海乘船到达香港。香港是何香凝的老家，经普椿等候廖承志已有四个年头。1938年1月11日，廖承志与经普椿举行了一个简朴的婚礼，被廖承志称为"叔婆"的孙夫人宋庆龄也来祝贺。从此，在香港复杂环境下工作的廖承志身边有了得力的内助。

这是廖承志独当一面为革命挑重担的开始。正因为廖承志在香港的杰出贡献，抗战后期在延安召开的中共七大上，他被选为中央委员，成为当时最年轻的中央委员。

图10.1937年11月，在南京"八办"工作的廖承志（右）
图11.潘汉年
图12.新中国成立后曾任《羊城晚报》总编辑、广东省委副书记等职的吴有恒
图13.新中国成立后曾任国务院侨办副主任的连贯
图14.新中国成立后曾任外交部长的乔冠华

利用香港特殊地位，组织华南抗日军事武装
——香港有个八路军办事处（中）

图1.东江抗日游击队活跃在港九铁路两侧
图2.东江抗日游击队从驻地出发去打击日寇

　　与八路军、新四军的根据地相比较，华南敌后抗日武装所处的环境更为严酷艰辛。因此，关于他们英勇抗战业绩的历史老照片至今还是凤毛麟角，散佚民间，因此也就弥足珍贵。图1是我国抗战史典籍上最常见的照片，表现的是抗战初期，东江纵队前身广东人民抗日游击队活跃在港九铁路两侧地区。从照片中不甚清晰的影像可以辨认出，队员戴斗笠、草帽及礼帽，扛步

图3.东江抗日游击队发展为东江纵队。图为某部在粤东地区行进

图4.琼崖抗日独立大队的娘子军连合影

图5.琼崖抗日独立大队的战士们在根据地学习,冯白驹亲自给他们上课

枪,身披子弹带,足见初期游击装束并非正规。图4为琼崖抗日独立大队的娘子军连合影,早在红军年代它的前身就是岛上琼崖工农红军的娘子军连。海南英雄冯白驹将军从红军时代就在岛上建立了革命根据地(图5、图6),有一支获得岛上各族人民支持与拥戴的战斗武装。

香港八路军办事处成立之后,即按中央指示,利用香港特殊地位,在华南抗日军事斗争中,做出了两大重要贡献。

其一,指导创建广东抗日武装,开辟东江敌后抗日根据地。1937年"七七事变"抗战爆发,有革命工人运动传统的香港海员们,就于8月间为抗日救亡成立了"香港海员工会",并提出"海员抗日救国十大纲领",数千在日轮上的中国海员罢工返回港粤等地。由于海员工会发动声势浩大的罢工而威胁到港英统治,遂于1937年12月底被当局封闭。惠阳、宝安等粤东南沿海地区,回来了众多罢工海员,他们有强烈的参加抗日斗争的愿望。中共海委(海员工会书记,简称海委)书记曾生与香港市委

图6.琼崖抗日独立大队发展为琼崖纵队，图为根据地的黎族妇女为部队运输粮食

图7.琼崖纵队的女重机枪手

图8.1939年，在坪山组建抗日游击队的曾生、阮群英夫妇

书记吴有恒在酝酿组织抗日武装，廖承志正是在此时来到香港设立八路军办事处。在日寇入侵广东及威胁香港的形势下，特别是日军登陆大亚湾之后，廖承志根据中央指示，找曾生、吴有恒谈话，研究在东江敌后组织抗日武装、开辟抗日游击根据地，确定由曾生去东江地区领导这一工作，并从香港市委派去得力干部配合曾生工作。

曾生等首先在坪山地区开展工作（图8）。每到关键时刻，廖承志均根据中央政策给予指示与支持，也曾特请叶挺将军指导曾生工作。1938年年底，在中共领导和部署下，惠阳、东莞、宝安、增城等地的抗日武装纷纷建立，点燃了东江人民抗日的战火。部队利用海员及渔民优势，开展海上游击战，打击日寇。这支部队不断在战斗中成长壮大，1943年12月2日，这支有名的华南抗日主力由中共中央命名番号为"广东人民抗日游击队东江纵队"，简称东江纵队（图9、图10）。抗战胜利后，这支队伍北上山东根据地，加入人民解放军序列，成为解放军著名的两广纵队，在解放战争中，从华北战场打回东江老家，一直打到深圳罗湖桥粤港边境线。

其二，香港"八办"指导改编海南冯白驹琼崖工农红军为琼崖抗日独立

图9.东江纵队司令部旧址
图10.东江纵队司令员曾生
图11.穿夏装的冯白驹
图12.琼崖纵队司令员冯白驹

队，后发展为独立总大队。冯白驹于1927年"四一二事变"后，组织琼崖起义，建立琼崖工农红军，土地革命战争时期长期坚持斗争保存下来。抗日战争全面爆发后，执行中央抗日民族统一战线政策，与国民党琼崖当局谈判，建议停止内战，团结抗日。冯白驹因坚持原则而被国民党当局抓捕，经周恩来等与国民党交涉而释放出狱。港"八办"成立后，廖承志按中央精神指导谈判，1938年12月琼崖工农红军正式改编为琼崖民众抗日独立队，冯白驹任队长。冯将军为培育这支抗日武装呕心沥血，亲自给战士们上政治课，讲授毛泽东军事思想和红军的优良传统作风（图5）。1939年2月，日军入侵海南岛，冯将军在琼山县潭口指挥了阻击日军的战斗，打响了琼崖抗战的第一枪。不久部队扩编为广东省琼崖抗日游击队独立总队，冯白驹任总队长。率部开展独立自主的敌后抗日游击战争，取得了琼山罗刘桥、罗板铺伏击战、海口长林桥袭击战、那大围攻战等战斗的胜利，先后开辟琼文、美合、白沙等根据地，并挫败了日伪军的多次扫荡和蚕食。在一次战斗中，解救了一批日军囚禁的美英盟军战俘，港"八办"根据延安指示，支持冯白驹部队组建所属国际支队，由冯白驹部解救的日本囚禁的西方各国战俘所组成，这是抗战史上，中共抗日部队中唯一的

图13.1950年4月，海南岛解放
图14.海南岛解放时，冯白驹与四野首长合影。前排左起：四十三军政委张池明、冯白驹、十五兵团司令员邓华、四十军军长韩先楚、四十三军军长李作鹏

一支国际支队，这支被称为中共"洋人部队"（岛上民众称其为"番鬼佬部队"）的国际支队，勇敢杀敌，坚持战斗到海南岛上日军投降。事后，美国马歇尔将军与英国驻华大使皆向周恩来表示感谢。改革开放后，有当年"洋战士"回来参与开发建设海南。

1946年2月，海南地区的内战爆发，冯白驹领导部队与琼崖人民粉碎了敌人的围剿，保存了革命力量。周恩来称誉冯白驹是"琼崖人民的一面旗帜"（图11、图12）。1947年5月奉中央军委命令，琼崖抗日游击独立纵队改编为中国人民解放军琼崖纵队，冯白驹任司令员兼政治委员。新中国成立初期，解放军三野十兵团攻金门受挫，解放海南之战便受高度重视。毛泽东在关于海南战役的指示中说："海南岛与金门岛不同的地方，是岛上有冯白驹。"从1948年9月到1949年7月，冯白驹领导琼崖纵队相继发动秋、春、夏三大军事攻势，取得歼敌3000余人的辉煌胜利。1949年底到1950年5月，冯白驹领导琼崖党政军民全力以赴，有力地接应和配合中国人民解放军第四野战军渡海兵团登陆作战，解放海南岛（图13、图14）。

延安派出特使密赴香港看望宋庆龄
——香港有个八路军办事处（下）

图1.宋庆龄。从沦陷的上海到香港后所摄
图2.路易·艾黎。宋庆龄在上海结识的新西兰好友
图3.1939年，宋庆龄与路易·艾黎在香港

　　本文图1、图2、图3，是宋庆龄从被日本侵占的上海脱险到达香港之后的相关照片。遵义会议确立了毛泽东在中共的领导地位（图4），毛泽东对宋庆龄在中国革命中极为重要的地位及不可替代的作用，早有充分的认识。抗战爆发后，毛泽东极为关心宋庆龄的安危。上海沦陷后，毛泽东两次致电

上海地下党刘晓、潘汉年，指示帮助宋庆龄秘密撤出上海。宋庆龄与"洋人"路易·艾黎化装为"情侣"混过日探及军统特工监视，上了德国邮船抵达香港。

宋庆龄安全抵达香港后，中央指示刚组建的香港"八办"，大力支持宋庆龄在港开展抗日救亡统战活动，将此视做最重要的工作。毛泽东还指派邓颖超为秘密特使专程到香港探望宋庆龄，转达毛泽东、周恩来的问候，并鼓励她利用香港的特殊环境，在国民党高层中开展活动，促进国共抗战合作。当时，邓颖超为中央机要科长，白区工作委员会成员（图5）；且在广州的国共合作大革命时期，宋庆龄当选为国民党妇女部长，邓颖超为妇女部的执行候补委员，在北京孙中山去世的葬礼上，邓颖超以天津代表名义曾为孙先生扛柩送葬。这次，邓大姐秘行到港，与宋庆龄朝夕相处，结为好友。宋庆龄还特地陪同邓颖超到广州，一起参加广东妇女抗战救亡活动（图6）。两位伟大的女性从此友谊弥深。1949年春夏酝酿建国大业，毛泽东、周恩来两次致函

图4.1936年，毛泽东与朱德在保安
图5.1938年，身穿旗袍在国统区活动的邓颖超
图6.1938年8月，宋庆龄与邓颖超在广州街头观看秧歌剧
图7.1949年8月28日，邓颖超陪同宋庆龄从上海抵达北平前门火车站

宋庆龄北上共商国是，上海刚解放，中央就派出邓颖超为特使赴沪专请，消释宋庆龄心里的顾虑。邓颖超完成了这一特殊使命，可谓为新中国成立立了功（图7）。

1938年夏，邓颖超密访香港时期，周恩来派军委三处申光，携三万块光洋去香港买无线电台、手摇发电机等器材。港"八办"廖承志的老同学莫鉴在香港开了一家中原电器公司，并与美英在港公司有来往。廖就请莫鉴帮忙。申光花了三个月时间，凑齐了第一批材料，搞到80部—100部机器的零配件。申光按军委三局王净要求，多是购买适合山地游击战争需要的成套装备。最后付款由秦邦宪的弟弟杨琳办理，杨琳在香港为我党管理财务。这大批器材是国统区禁运的，而九龙海的关监督宋子良是宋庆龄的同父异母的弟弟，宋庆龄和宋子良关系较好（图8），入关时廖承志请宋庆龄关照宋子良，这批器材如申光回忆所说获得"免验免税，立即起运"的通关礼遇。这年8月，申光回到汉口将器材转运至延安，周恩来很高兴，又派他带三万块光洋再去香港跑一趟。这前后两批器材可解决了大问题，延安原来只有十几部机器，利用这批器材，一下子装配了近200部电台，对八路军敌后抗战起了很大作用。

抗战初期宋庆龄在香港两年多，以其特殊身份除了为抗日救国积极开展国际统战活动，还做了两件很重要的事情。其一，调整了她与宋子文的关系。宋子文是她亲弟弟，她长宋子文一岁，从宋子文出世到1907年宋庆龄去美国，姐弟俩在国内共处有13年之久。数年后，宋子文去美国哈佛大学主修经济，每逢节假日都从学校到卫斯理学院同二姐相聚，两人关系一直很好。广州大革命时，宋庆龄向孙中山力荐，留美回来一事无成的宋子文得以出任大元帅大本营秘书，不久任广州北伐政府财政部长，开始了他在国民党中的政要生涯。1927年老蒋"四一二"事变之后，宋子文立场从武汉政府转向上海蒋介石，姐弟俩因政治分歧而疏远了。

日本侵吞东三省之后，宋子文主张积极抗战，早在西安事变之前，就找

图8.宋庆龄与宋子良
图9.宋子文
图10.保盟在香港西摩道的办公楼旧址

宋庆龄帮助，派董健吾去保安，会见了毛泽东，进行了国共合作的接触。"西安事变"和平解决，"国共第二次合作"局面形成，宋子文起了重要作用。宋庆龄来到香港时，宋子文正在香港（图9）。抗战与亲情使姐弟俩恢复了往来。初期，宋庆龄的活动得到宋子文支持，宋庆龄发起保卫中国同盟，任主席，请宋子文任会长，保盟的西摩道21号办公楼就是宋子文提供的（图10）。宋子文任董事长的中国银行香港分行，还多次提供经费，除了直接向八路军代转海外侨胞捐款外，还多次支持"保盟"举办的义演、募捐、办刊物等活动。宋庆龄与宋子文还联名发表了《保卫中国同盟共同宣言》等多份重要文件。1941年皖南事变之后，宋庆龄直接领导保盟谴责国民党顽固派袭击新四军、破坏抗战的行径，宋子文虽不赞同顽固派偷袭新四军，却也不认同保盟的谴责，于是宣布退出保盟。宋庆龄极为震惊，两人再次分道扬镳。但宋子文仍然尊重宋庆龄，太平洋战争爆发，宋庆龄从香港移居重庆，她的住所与交通车辆都是宋子文提供的，他还关照戴笠，军统不得伤害宋庆龄。1945年9月，抗战胜利后国共重庆谈判期间，毛泽东会见宋子文时说："共产党人是不会忘记你对国共合作抗战的贡献的。"（图12）

1940年2月，宋美龄因伤病赴香港疗养，住在大姐宋蔼龄家中，在姐姐邀请下，宋庆龄也去同住。不久，宋氏三姐妹在香港饭店一齐公开露面，这是孙中山奉安大典后11年来，三姐妹首次一齐出现在公众面前，宋美龄还在香港公开演讲，赞扬宋庆龄在抗战救亡运动中所做的贡献。在宋美龄的恳切邀请之下，宋庆龄与宋蔼龄决定一同从香港飞往重庆，她们觉得三人一起在战时首都工作生活一段时间（图13），有利于鼓舞士气。于是，抗战历史上，就有了宋氏三姐妹活跃在被围困与轰炸的首都的画面（图14）。不久，宋庆龄重返香港，继续开展保盟的抗战救亡活动。

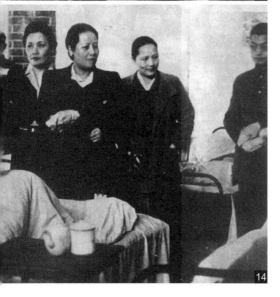

图11.美国《时代》杂志刊载的宋子文封面照
图12.1945年9月间，毛泽东在重庆会见宋子文
图13.宋庆龄与姐姐宋蔼龄、妹妹宋美龄，同船在重庆嘉陵江上
图14.宋庆龄与宋蔼龄、宋美龄一同在重庆看望抗战伤兵

白求恩来延安，怒砸窗子惊动毛泽东
——廖承志在香港最早成立的机构是支援白求恩小组

图1.1938年1月8日，白求恩带领加美医疗队乘坐"亚洲女皇号"邮轮从温哥华港出发前的合影。左一为白求恩
图2.1936年秋，白求恩抵达西班牙马德里前线，并带领血库车赴战场。图为白求恩在血库车旁留影
图3.1937年初，白求恩在西班牙反法西斯前线留影

　　图1尽管不够清晰，却是极为珍贵的历史文物照。1938年1月8日，白求恩领导的加美援华医疗队从加拿大温哥华港乘坐"亚洲女皇号"邮轮驶往香港，图为开船前的合影。和白求恩同行的是年轻的护士琼·尤恩和美国医生帕森，他们组成了加美援华医疗队。琼曾经在山东省一家教会医院工作过，会讲中国话，是白求恩的助手、向导兼翻译。白求恩的加美医疗队这次来华

援助抗战，是由宋庆龄所策划、联系的，由共产党背景的国际援华委员会派遣，来到中国共产党部队的抗日活动地区做医疗救助工作。

白求恩是加拿大著名的外科医生，共产党员。1936年秋，在西班牙反法西斯战争进入保卫马德里的关键时刻，白求恩到了西班牙战场（图2—图4），活跃在战火纷飞的前线。西班牙人高度赞扬白求恩。白求恩和助手们在西班牙创造了战地医疗史上的崭新纪录：伤员的死亡率降低了75%。由于任务的需要，他于1937年5月底，从西班牙反法西斯战场回到加拿大，在家乡小事休息，就开始在加拿大各地进行预计七个月的旅行演讲，号召民众支持西班牙人民，反对美英加等西方国家对西班牙的"禁运"。

图4.1937年初，白求恩在西班牙反法西斯前线
图5.1938年3月底，白求恩到达延安，在延安东门前留影
图6.1938年4月，白求恩为毛泽东所拍的照片
图7.白求恩以延安的山为背景所拍的纪念照

图8.白求恩在八路军总部会客室与友人谈话
图9.白求恩在延安城的墙头画宣传画
图10.1938年5月2日，八路军总部用延安唯一的卡车送白求恩去前线，车上装载了20余箱医疗器械和药品，其中有一台小型X光机

旅行演讲途中，他听到这年7月7日驻华日军发动了猖狂的侵华战争，他立即关注起中国大地上发生的事件，他从街头买来多份报纸，加拿大与美国的各种报纸都报道了中国人民在自己的土地上抵抗日本侵略者。美国共产党与加拿大共产党是坚决支持中国人民抗击日本法西斯入侵的。1937年7月中旬，美共机关报《工人日报》发表的头版社论题目就是《中国的胜利大有助于世界和平》，号召美国人民行动起来"督促罗斯福总统和赫尔国务卿尽量运用九国公约和凯洛格和平公约，以制止日本在中国的作战行动"。白求恩读过前不久热销的埃德加·斯诺的《西行漫记》，敬重毛泽东领导下的中国红军的二万五千里长征，深知中华民族是一个伟大的民族，中国人民现在正在为反抗日本入侵浴血战斗。他热血沸腾，向往着与中国人民并肩战斗。这个时期，纽约成立了国际援华委员会，援助中国人民反对日本入侵。这个组织与国父孙中山的夫人宋庆龄有着密切的联系，它的计划是对中国的抗战给予援助，包括医药、医疗方面的援助。白求恩本来准备回西班牙去，因为一批新的美国医生刚刚起程去西班牙，而中国人民抵抗日本法西斯的战争正在如火如荼地进行。白求恩得到消息，国际援华委员会决定派一个医疗队到中国北方和中共游击队一起战斗，

图11.白求恩在黄河边等候渡船,去晋察冀军区
图12.在晋察冀,白求恩在途中以小凳当桌子用简单午餐,身后为八路军总部派给他照顾生活的小八路何自新。沙飞摄
图13.在晋察冀,白求恩终于戴上了有八路军正式番号的臂章。沙飞摄

白求恩主动发电报到纽约,请求国际援华委员会派他去中国。

　　1938年1月22日,白求恩一行乘坐的"亚洲女皇号"邮轮抵达香港。当时,肩负重任来香港开设八路军办事处的廖承志也刚刚到达不久,很多工作都正在筹措之中。据白求恩生前的回忆、信件等文件记述,他的加美医疗队在香港逗留了三天就转赴武汉了。没有记载表明他与香港的共产党组织接上头,也没有记载表明他在香港与此行的策划人宋庆龄见过面。宋庆龄在1959年1月致外国友人西德尼·戈登的信中曾说:"我个人从未见过白求恩医生,因为他是直接去汉口转赴延安的。……白大夫的来华是我们发起,并且尽力向他提供了所需要物品的。"

　　记载表明,白求恩到汉口之后,住在加拿大传教士卢茨的家里。他找到八路军驻武汉办事处联系,要求与中共驻白区的代表周恩来副主席见面。他还在武汉参观了国民党军队的几个伤兵医院,以了解伤员救治情况。一天,八路军办事处的王炳南来和白求恩联系,安排他晚上与周恩来见面。周恩来用标准的英语向白求恩和他的加美医疗队表示欢迎。白求恩向周恩来谈了西班牙的战况和北美大陆人民反法西斯的义举,并要求立即到八路军抗日前线去。周恩来对

图14.加拿大安大略省格雷文赫斯特市的白求恩故居，1973年由加拿大政府设立。
　　　　这是中国人在加旅游的热点

他说，那里的条件很艰苦，担心他不能适应，希望他先在武汉工作一段时间，这里也是前线地区。白求恩则说："我是共产党员，要到中国共产党领导的根据地延安去！我要到延安去。"

于是，周恩来吩咐王炳南，为白求恩一行去延安做安排。

2月22日，白求恩一行在八路军护送人员陪同下乘火车北上，经郑州转车西去，途中遇日军飞机三次轰炸，他们放弃火车徒步行走，又遭遇日军追击，甩开日军追兵之后在前线附近渡过黄河。上岸后，驻西安八路军办事处派来的卡车接上他们，3月22日到了西安城。第十八集团军总司令朱德在西安八路军办事处会见了白求恩一行，对他们的到来表示欢迎，告诉说："延安在等待你！前线在等待你！"在西安，另一位加拿大籍外科医生理查德·布朗加盟这支加美医疗队。理查德是加拿大圣公会派驻河南的传教士，富于外科手术经验，听说白求恩来了，就向医院请了三个月假，一同去延安。3月底，白求恩一行抵达延安（图5）。抵达次日的夜间，毛泽东在窑洞里会见了白求恩。两人一见面，握手之后，白求恩从贴胸的衣袋里，掏出加拿大共产党党员证，双手交给毛泽东。毛泽东对此留下了很深的印象。白求恩在延安为毛泽东拍了照片（图6）。据《毛泽东年谱》记载，白求恩对毛泽东说，如果有战地医疗队，前线的重伤员70%可以救治；毛泽东对这一点十分关心，热情支持建立八路军战地医疗队的建议。会见后，白求恩立即要求上前线救治伤员。八路军卫生部领导们对白求恩的请求有分歧，有的说延安需要他，有的说敌后太艰苦，他本人已是年近半百，身体需要照顾（就别提上前线了）。当白求恩知道要特别照顾他，留他在后方时，他骤然发火，跳了起来，抄起圈椅砸向窗户，椅子砸断了窗棂掉落在院子里。他大声吼叫着："我不是为照顾而来的！什么咖啡，嫩牛肉，冰激凌，钢丝床，都见鬼去吧！我需要的是伤员，战场的伤员啊！"

全场大惊失色，但是白求恩的鲁莽，结束了卫生部领导的讨论，大家异口同声地对他说："好，你上前线！"

事后，他说："我可以向大家道歉，但是你们也要向前线挂彩的伤员们道歉！"

此事传到毛泽东那里，毛泽东被惊动、感动了，吩咐说："他上前线了，我们要配合他、支持他，一定要想办法全力保证他的医疗队的工作。"

白求恩在延安短期逗留（图7—图9）。经过认真准备，1938年5月2日，八路军总部用延安唯一的一辆卡车送白求恩去了前线，车上装载了20余箱医疗器械和药品，其中有一台小型X光机（图10）。

延安的电报发到了刚刚建立的香港八路军办事处，中央要求香港八办积极筹集医疗物资。廖承志与廖梦醒商量，打算专门成立一个支援白求恩大夫的小组，保证白求恩在前线需要的医药和器械。这个小组，成了香港八路军办事处最早成立的一个机构。

白求恩去晋察冀途中，边走边工作，检查了几个后方医院，看望伤病员，为医院提出改进意见。1938年6月17日，白求恩到达五台山金刚库晋察冀军区司令部（图12、图13）。

本文所配照片除署名沙飞的两张之外，其余皆为加拿大安大略省格雷文赫斯特市的白求恩故居提供，在此深表谢意。

解放上海十万大军睡马路的来龙去脉

——鲜为人知的南京入城部队涉美"入宅"事件

图1.1949年5月27日，解放上海的枪声停歇后的第一个早晨，一些子弟兵睡在上海南京路上

    繁华的南京路，是旧上海外国冒险家的乐园中最显著的地标。本文题图（图1），表现的是1949年5月27日夜里攻入上海的解放大军夜宿南京路街头的情景，这是大家所熟悉的，也是新中国创建时期著名的经典照片之一。新中国成立前夕的这张照片对国内外读者都产生了极大的视觉冲击力与心灵震撼力。

图2.1946年秋，这支原是老八路的解放军部队也曾露宿街头

图3.1949年4月24日清晨，解放军第三十五军某部进入南京城西门，受到百姓欢迎

人民解放军接管大城市，是中共农村包围城市胜利的标志，也是一场新的考验与挑战。毛泽东在西柏坡中共七届二中全会期间说过，进入上海，中国革命要过一大难关。陈毅大军夜宿上海南京路广为人知，但其缘起则鲜有详述，本文将讲述一段情节丰富的解放军部队涉美"入宅"事件。

1949年1月31日，四野第四十一军先头部队在军政委莫文骅将军率领下，深夜里从西直门、德胜门开入北平城里，正逢酷寒下雪天。部队没有惊动百姓，官兵们和衣睡在街两旁屋檐下、过道里。次日，居民开门发现解放军入城在雪地露宿，秋毫无犯，极为感动。不久，毛泽东进北平听叶剑英市长讲后，甚为动情，特地委托朱老总去看望这支部队。莫文骅将军是笔者前辈老乡，笔者向其讨要照片，他给了几张入城式的热闹照片，他也遗憾当时没想到要拍下官兵露宿飘雪街头的照片。数月之后，4月21日夜里，解放军百万大军渡江战役开始。23日凌晨，三野第三十五军先头部队渡江攻入国民党老巢南京城。

图4.三十五军某部官兵入城后在南京总统府院子里
图5.现今拍摄的南京西康路原美国驻华使馆旧址

    25日下午起，美国之音、英国BBC等西方传媒大加渲染地报道了"攻入南京城的中共军队搜查美国驻华大使馆，严词盘问美国大使，引发争执"云云。由于南京是旧政权首都，诸多外国机构与外侨云集，毛泽东接到新华社的有关报告后，十分震惊！中央军委已经有针对性地发出关于南京解放后外交工作八条指示，怎么就发生了三十五军为号房子"号"到司徒雷登大使屋里去了？按原来中央批准的计划，接管南京的任务是由陈赓四兵团的老红军部队（图2）担任的，由于敌军撤得比预料的快得多，南京已临解放，陈赓部队尚在安徽望江至江西湖口地段，需半个月后才能抵达南京。于是，总前委就确定由三野八兵团派两个军进驻，攻入南京的是吴化文将军率领的三十五军（图3、图4），是1948年秋天济南战役起义部队，为冯玉祥旧部国民党第九十六军改编的，经短期整训就投入战斗，要建树起我军革命传统，尚需时日。经过认真彻查，事情经过是：4月25日清晨，第三十五军一〇三师三〇七团的一营营长谢宝云带人为部队安排食宿时，误入西康路美国驻华大使馆（图5、图6），与刚起床的司徒雷登大使发生口角，争吵起来。谢营长没有学习军委颁布的外事纪律，竟然称"（使馆）房子及房子里的所有东西都是属于人民的"。

    此事使滞留南京的西方各国外交官听闻后提心吊胆，担忧安全没有保障。

图6.司徒雷登在美国驻华使馆的书房里
图7.宁沪战役时期的陈毅与邓小平
图8.解放军从南京南下开展上海战役

可是过了数天，不但没再发生军人闯入外国使馆之事，而且看到南京街头解放军纪律严明，对人态度和蔼，不拿老百姓东西，还为居民做好事，这一涉外风波才渐渐平息。即使是当事者司徒雷登这个"中国通"也不得不在其回忆录《在华五十年》中承认，中共军队"纪律严明，士气高涨"，"对民众秋毫无犯，虽然随处借东西，但总是如数归还或照价赔偿"。4月27日凌晨4时，就三十五军擅入司徒雷登住宅一事，毛泽东为军委起草致总前委电报写道："三十五军到南京第二天擅入司徒雷登住宅一事，必须引起注意，否则可能引出大乱子。"正在进发途中的邓小平与陈毅接阅毛泽东的电报，邓小平对陈毅说："主席生气了。"陈毅意识到问题的严重性，赶到南京亲自检查部队违反外事纪律的情况。按原定计划，军委批准一星期之后就解放接管上海。经在南京调研，陈毅觉得七天七夜之后就攻占上海，城市可以攻下，但是接收准备工作巨大，一星期太短，不然真会如毛泽东说的"可能引出大乱子"。陈毅经与邓小平（图

图9.上海解放时期的陈毅
图10.1956年1月，荣毅仁陪同毛泽东、陈毅视察申新九厂。这是毛泽东视察过的唯一一家私营企业

7）商量之后，总前委研究再三，于4月30日向中央军委提出：尽可能推迟半个月到一个月为好。毛泽东经过三天考虑，批准了该报告，推迟攻占上海。这就产生了上海战役之前，邓小平、陈毅在邻近上海的江苏丹阳十万大军入上海前的整训，总前委制定的《入城守则》中，最重要有两条：一是市区不使用重武器，二是不入民宅。对不入民宅，有的干部想不通，问："遇到下雨，有伤病员怎么办？"陈毅（图9）坚持说："无条件执行，说不入民宅就是不入，天王老子也不行！"毛泽东看到情况报告，高兴地说了四个"很好"。这就是产生本文主题照片的背景。当三野主力九兵团第二十七军、二十三军及二十军5月27日夜里攻入上海市城区，十万大军全部露宿街头，使国内广大人民及海外各国对正确认识即将诞生的人民共和国，不能不刮目相看。笔者为研究中美关系，访问过与费正清齐名的美国的中国问题专家鲍大可（A. DoakBarnett），他系美国在华传教士的后代，1921年生在上海。他笑着对我说："我与中共同年诞生于上海，因此我关心中共，也关心上海。"谈及解放军睡南京路这张照片时他说："我认为这是红色中国的第一张'上海公报'。"

年轻的民族资本家荣毅仁当时正准备从上海迁往香港，亲眼目睹大军睡马

图11.毛泽东会见蒙哥马利
图12.2008年11月17日，在杭州司徒雷登骨灰安放仪式上，燕京老校友向其陵墓献花

路，遂改变决定留下来参加新中国建设，后来做出了许多贡献，晚年成为中国国家领导人（图10）。

英军名帅蒙哥马利看了这张照片后，感慨地说："我这才明白了你们这支军队为什么能够打败经美国武装起来的蒋介石数百万大军（图11）。"

"入宅"事件的另一位当事人司徒雷登，曾先后任燕京大学首任校长及美国驻华大使。2008年11月17日上午，司徒雷登先生的骨灰安放仪式在其出生地杭州的半山安贤园举行，杭州市领导及美驻华大使雷德福等出席（图12），其葬于中国的遗愿终于得以实现。

解放军钢铁洪流穿越"国中之国"
——毛泽东指示北平入城式要经过东交民巷

图1.我军入城游行队伍如钢铁洪流般从东交民巷穿越而过的情景
图2.北大、清华的学生爬上坦克车与战士一道欢歌前进

　　由坦克、装甲车以及大道奇车拖着的加农炮等美式枪械武装起来的人民军队的入城队伍，像钢铁洪流般从前门入城，经过箭楼检阅台后即转入东交民巷，穿越外国人眼中的"国中之国"，真是大快民心和军心！从图1可见，过去华人不得进入的东交民巷，涌进了潮水般的市民，大家万分喜庆地欢迎人民军队，而两旁的外国使馆则门窗紧闭，可想而知屋里那些昔日要尽威风的"洋

图3.市民们围观美国十轮大卡车拖着加农重炮游行
图4.前门箭楼检阅台上的聂荣臻、林彪、罗荣桓

大爷"是何心情。图2为北大、清华的学生爬上坦克车，与战士们一同高歌前进。图3为美式十轮大卡车拖着重型加农炮穿过街道，照片左上角的国民党警察面露惊讶。

　　说起新中国开国前的北平，就不能不提到东交民巷。旧时代的东交民巷，是中国人民心中的哀痛。八国联军在北平洗劫故宫、火烧圆明园，腐败无能的清政府同英、美、日、德等国签订丧权辱国的《辛丑条约》，将天安门东侧的东交民巷划归各国（图5）。从此，各国在此修兵营、造碉堡、设银行、建警署，使东交民巷成为"国中之国"和帝国主义反动势力在北京的"巢穴"（图6）。"五四"运动中，爱国青年们就曾高呼着"打倒列强"口号去东交民巷前示威。毛泽东青年时代在北京，也特地与邓中夏、罗宗翰、彭璜等热血青年去察看过东交民巷，看着那些外国军旗、碉堡、枪眼、洋兵与警察，热血都曾冲上脑门。此后，北洋军阀政府、蒋介石南京政府奉行的也是投降帝国主义的外交政策，让东交民巷所代表的帝国主义反动势力在中国为所欲为。

　　新中国要结束中国人民屈辱的历史，外交要另起炉灶，要将帝国主义在中国的特权清扫出去！1949年1月22日，毛泽东接到平津前线电报，获知傅作义终于接受和平解放北平的方案，亲自批准了前线指挥部提出的我军举行盛大北

图5.1900年八国联军进驻东交民巷地区
图6.清末东交民巷的"国中之国"，碉堡、岗楼、枪眼，外国警察巡行，中国人不得进入

平入城式并特意经过东交民巷的请示（图7）。笔者后来访问时任中央外事小组负责人的王炳南，他回忆说，毛泽东曾指示：美式坦克、大炮等都要拉出来，要经过美国领事馆门前。东北野战军特种兵第一副司令兼参谋长苏进被指令负责制定北平入城式这一特殊而秘密的任务。临近年关，在南苑机场驻地，苏进与相关人员先在北平城区地图上进行细致、周密的研究，选择好入城式游行线路图（图8）。从示意图看，首长检阅台设在前门箭楼上，入城式受阅部队预定从前门外大街入城，不走天安门，立即右转穿过东交民巷。入城式之前，预定由第四十一军一二一师于1月31日（大年初四）从西直门首先入城，与傅作义部队接防。

　　1月29日（大年初二），我接防部队进城的前两天，苏进派出两人（一个重炮团团长与一个装甲团团长）身穿便服秘密进城，重点勘察东交民巷的道路状况。1月31日一二一师进城接防这天，苏进率领五人，分乘一辆吉普车和一辆中型卡车，全线勘察入城式游行路线，看看沿途能否经过车炮、坦克。

　　此前，从毛泽东及中央军委批准举行北平入城式开始，东北野战军与华北野战军所属装甲团、摩托化炮兵团、战车团、高炮团等，除执行任务的团队外，皆奉命开往南苑机场集训十余天。刚从前线下来的车炮、坦克满身黑泥

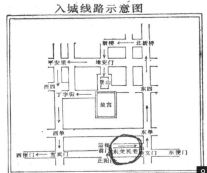
入城线路示意图

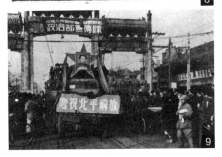

图7.1949年初春，毛泽东脸上充满自信

图8.当年北平入城线路示意图。圈出的就是东交民巷

图9.我军入城游行队伍的前导车上挂着毛泽东画像

巴，经过连夜刷洗，所有装备焕然一新。从战火硝烟中刚刚下来的战士们，白天训练队形，夜里检修擦拭车辆、大炮、坦克，或是生火烤干棉衣裤、补衣服。官兵们出生入死，如今沉浸在胜利的喜悦之中，心里想的是一定要在入城式中将人民军队的雄姿展现在北平市民面前，要让东交民巷的帝国主义"洋老爷"看一看人民军队的威风，让美国佬们看一看，他们通过老蒋这个"运输大队长"，给我们"送"来美国造的坦克、装甲车、加农重炮等美式装备，武装了我们人民军队。

2月3日那天，北风劲吹，天很冷，但是北平人民热情很高，沿途人山人海，喊口号，扭秧歌，有的青年学生还跳上坦克车跟车前进，入城式在欢乐海洋中进行了六个钟头（图9、图10）。其中最精彩的就是穿越东交民巷了。苏进在其回忆录《回忆北平入城式》中，对横穿东交民巷作了如下记述："钢铁洪流般的坦克、装甲车和大炮，浩浩荡荡地通过了东交民巷。这个自1900年《辛丑条约》签订以来一直为帝国主义盘踞的使

图10.我军入城游行队伍进入前门大街
图11.1949年3月25日，毛泽东抵达北平，在西苑机场乘坐美式吉普车检阅解放军英雄部队

馆区，今天，中国的军队和人民第一次在这里扬眉吐气，昂首挺胸，自由出入。我们的游行队伍见到美、英等国领事馆门窗紧闭，里面的人躲在玻璃窗后偷偷向外看，有的还偷偷地拍照。看到帝国主义者们的丑态，我们认识到总指挥部决定游行队伍从东交民巷穿越而过的行动实在太英明了，它真正起到了向帝国主义分子们示威的作用。钢铁的队伍隆隆驶过使馆区，大煞帝国主义的威风，大长中国人民的志气！这使帝国主义者们看到，他们送给蒋介石军队用来屠杀中国人民的先进武器，已经交到人民军队的手中。我军用这些武器，解放了东北，解放了天津、北平，还要解放全中国。"

　　北平入城式之后，中共中央于当年3月从河北西柏坡迁来北平。毛泽东主席3月25日抵达北平，并在西苑机场乘坐美式吉普车检阅了解放军英雄部队（图11）。

毛泽东对叶剑英面授机宜：部队不能越过樟木头

——新中国成立后中英关系掀开了第一页

图1.英军舰"紫石英"号在扬子江江面与解放军发生炮战，遭重创后搁浅

图2.丘吉尔下野后在家作画。觉得"没有战争的日子很寂寞"，提出要派航空母舰去中国

图3.时任香港总督葛量洪

早在1949年元旦前后，面对即将诞生的新中国，英国政府为了保住在华利益并维持对香港的殖民统治，接受了外交大臣贝文提出的对华政策，即"赖在中国不走（Keep a foot in the door）"。据近年英国的解密国家档案表明，1949年1月，英国内阁就拟定了绝密文件《香港紧急防卫计划》。英军远东总司令提出，为了应对可能出现的紧急状态，香港需要四个步兵营、一个皇家炮兵野

战团、一个海岸和防空两用重炮团和一个在必要时能立即增援的后备旅。计划中还强调：需要在港建立一支辅助警察部队。

当时的港督葛量洪是个中国通，早年从剑桥大学毕业后，就被招聘到香港做官派学生，先后在港英政府多个部门供职，还到广州、澳门等地学习粤语，后来还到过北京学习中文。这位熟悉香港事务的港督，对华人不放心，提出："虽然警察中的华员受过充分之军事训练，但在预想的紧急状态下，不能认为他们是完全可靠的。"为了解决这种对华人的不信任感，英方建议紧急考虑扩建马来团，再组建数营的马来人军队。正在此时，解放军横渡长江前夜，英军舰"紫石英"号在扬子江面与解放军发生炮战后遭重创而搁浅。这一表明西方殖民者对华"炮舰政策"破产的事件，震惊香港、伦敦乃至整个西方世界。

为此，英国首都伦敦的国会大厦威斯敏斯特宫里爆发了非常激烈的辩论。老首相丘吉尔在战后大选中虽失败，但仍为下议院议员，他觉得"没

图4.驻扎香港的英军部队
图5.解放广东战役前夕，英军占据的深圳罗湖桥
图6.在北平时的毛泽东与叶剑英

有战争的日子很寂寞"，强烈要求政府派遣航空母舰到远东进行报复，有的议员言论过激，甚至要求英国介入中国内战。有报道称，"下议院这次辩论的激烈程度为历年来所罕见"。首相艾德礼和国防大臣亚历山大借议会辩论表明，内阁要全力增援香港守军，阻止中共挥师南下，一举夺取香港。英方解密档案显示，"紫石英"号事件发生后，伦敦方面才真正地开始担心中共军队会对香港动武，因而进一步联想到，如果英国人被中共赶出香港，不仅大英帝国颜面扫地，而且会直接动摇英国在远东无可估量的政治、军事与经济利益。对此，英国无可奈何，也别无选择，不得不加紧调兵遣将，着力加强在香港的防务，英军最先进的具有超强火力的巡洋舰"牙买加"号奉命以最快速度，自百慕大群岛驶往远东海域，并称在必要时将派遣航空母舰。英国皇家空军亦宣布派出一队喷气式战斗机从马来西亚飞往香港启德机场，除驻港英国皇家空军原有的飞机之外，先后增派新式战斗机36架。陆军则增配了大量的反坦克炮、野战炮、重型高射炮和坦克。这真是拉开了"武装保卫"香港的序幕。当时伦敦舆论断言，香港是否被解放军攻击已不是问题，问题在于香港何时遭到进攻。

4月21日解放大军渡江后势如破竹地南下，港英当局极为恐慌，担心解放军将要拿下香港。港督葛量洪彻夜难眠，向伦敦再三请求援助，要来了正在马来西亚丛林里作战的英国海外雇佣军廓尔喀军团，还在香港自行招募了6000人的防卫部队；此外，还组织辅警、民安队等准军事力量，使香港守军骤然增至三万多人。善于野战的廓尔喀兵大部分就驻守在边界地区，以防范解放军进攻。毛泽东对中英关系及香港问题极为重视，新华社有关英军舰"紫石英"号事件的新闻稿，以及解放军发言人的声明，皆由他亲自执笔撰写。主席点将叶剑英南下主持华南军政，以面对港澳及海外。当时，叶剑英就任北平市第一任市长兼军管会主任才数月。用叶剑英后来对曾生说的话，1949年8月初，叶衔命南下之前，毛泽东数次找他"面授机宜"，就华南问题作了重要指示。毛泽东谈了八个方面的问题，其中第八个问题涉及香港。

图7.解放军南下挺进广东
图8.初入广东的叶剑英
图9.解放初任广东省军区副司令员的曾生

最重要的一则命令就是：打到珠江三角洲兵临粤港边境之我军先头部队"不能越过樟木头一线"（引自解放军出版社1992年出版的《曾生回忆录》第1版第570页）。这个口头命令是中央军委通过叶剑英当面下达给两广纵队司令员曾生的。樟木头是距罗湖桥边境以北30多公里的一个边陲小镇，现属广东东莞市。

叶剑英离开北平之后，日夜兼程，经武汉、九江、南昌等地，于9月上旬到达江西省南部的古城赣州。赣州城距粤北边境约百余公里，是江西南下广东的交通要冲。叶剑英与先期到达的二野第四兵团陈赓、四野第十五兵团邓华、两广纵队曾生等负责人会合。9月7日，叶剑英主持召开赣州会议，讨论了毛泽东和中央军委关于广东战役的部署，制订具体作战方案。按中央军委批准的广东战役作战部署，第四兵团为东路军，第十五兵团为西路军，东西两路军合攻广州；曾生率领的两广纵队与地方部队为南路军，直接插入珠江三角洲，切断国民党广州守军经珠江口一带逃往海上的退路，解放边境地区。叶剑英在赣州会议强调广东战役没有解放香港、澳门的任务。叶剑英还特别传达了毛泽东、周恩来的具体指示，规定逼近香港的先头部队"不能越过樟木头一线"。叶剑英工作很细心，在赣州会议结束之后，和曾生一起接见了入粤先遣

图10.叶剑英（左三）在解放军广州入城阅兵式的主席台上
图11.叶剑英挂着高倍数望远镜巡视南疆边境

小组的同志，他特别叮嘱说："百年来我们中国受帝国主义的侵略欺侮，广东人民对帝国主义是很仇视的。但我们当前的主要敌人是国民党反动派而不是帝国主义，告诉广东的同志不要把对象搞错了！" 两广纵队曾生司令的老家是现在的深圳市龙岗区坪山镇，他是人民解放军数百名战将中唯一的"半个香港人"，对香港被"割"、"让"，更有深切体会。早在抗战年代，曾生就任东江纵队司令员，其部队中许多官兵皆属广东籍，都有着强烈的"打回老家去"的心愿。"自古深圳与香港同属一个县的辖区，我小时到香港读书，后来又到香港搞工人运动，组织抗战，成为东江纵队指挥员。"曾生将军回忆说，"自中国近代以来，香港问题从来就是中国人民心中的痛！我们重兵压境，却不能过境解放老家的另一半，没有比这更难受的了！"与此同时，英国为了其在华利益与保住香港殖民地，也在向新中国"示好"。1949年10月10日，广州解放前夕，英国外交部训令驻广州的外交官员不要随国民党当局迁往重庆。

1949年10月14日，广州解放，曾生的部队抵达深港边界地区之后，退到宝安（现深圳市辖区）地区的国民党第一〇九军第一五四师起义。10月17日，宝安和平解放。野战部队按兵不动，另由地方部队维持边境安全及监视英方动静。解放军没有越过深圳河向前挺进的意图，中央人民政府和广东军管当局都没有提及收回香港的问题，反而是在解放军广州入城阅兵式上传话给港英当局，表示要维护和平并准备恢复贸易，重开广州至九龙的铁路交通。

10月21日，中国九龙海关军事接管委员会，从英国人手中顺利地接管了九龙关。深圳河罗湖桥北头升起了五星红旗，与桥南头的米字旗相互对峙。

一直到了1949年10月底，即解放军抵达宝安地区两个星期后，港督葛量洪得到解放军不会越过深圳河的秘密情报，夜里睡觉才安稳下来。港英军方本来已在边境南侧派驻重兵，此时亦将军队后撤，改留部分警察部队维持秩序。

英国政府经过再三权衡，于1950年1月5日在伦敦正式宣布：英国将于次日承认新中国，并正式通知国民党驻英官员，英国与国民党当局的外交关系自然终止。英国成为首先正式承认新中国的西方大国。

新中国成立前夕，毛泽东、周恩来向廖承志征求对香港问题的意见。廖承志时任新华社社长，跟随毛泽东、周恩来从延安转战东进西柏坡，

图12.1949年5月，毛泽东与时任新华社社长的廖承志在北平
图13.1975年的叶剑英与曾生，两个"老广"在一起
图14.1997年7月1日，香港回归祖国，末任港督彭定康感慨地接过降下的英国米字旗

继而入北平。廖承志本人认为："要武力解放香港，对中国人民解放军来说，只是一声冲锋号，就能把红旗插上香港太平山。""如果把香港暂时留在英国人手中，英国人为了自己的利益，也不会放弃大陆这个巨大的市场。这就等于把美国对中国的立体封锁线撕开一个缺口。"

实事求是地说，毛泽东及中共中央当时在提出"解放全中国"的口号时，宣布了"一定要解放台湾"；虽也在"建国纲领"中宣布新中国不承认帝国主义强加给我们的一切不平等条约，但是并没有动用军事手段收回香港。新中国成立后，关于香港问题实行一种维持现状的特殊政策，这是一种现实主义的考虑。新中国处在冷战的大环境中，处在美国构筑的反华封锁包围圈之中，新中国成立初期的各种政策属于在摸索中前进，也不乏坎坷与挫折。中国共产党与中国政府的工作重心始终没有真正转移到经济建设上来，国民经济也极其困难。在这种情况下，对香港"暂时维持现状不变"，以保持与英国的对话关系，保持香港作为新中国与外部世界相联系的"国际通道"，让香港起到了"窗口"与"桥梁"的作用。历史证明，在一定历史时期保持香港自由港的地位，由英国人暂时管辖，我们则对香港"长期打算、充分利用"，确为上策，是利大于弊的理性选择，也为1997年香港和平回归奠定了基础。

开国大典"突然之间冒出"的新中国空军编队

——林弥一郎为新中国空军所做的特殊贡献

图1.开国大典之日下午4时许，毛泽东在天安门城楼仰头笑看新中国空军首支编队机群飞过，其右后为董必武，左后为聂荣臻

图2.新中国空军首支编队机群参加开国大典之前，在南苑机场集结待命

追述开国大典阅兵式的众多感人场面，其中最令人兴奋、最让西方吃惊的就是新中国空军首次露脸。由17架驱逐机、轰炸机组成的空军编队机群两次飞过天安门上空（图3）。要知道，2009年6月6日，为隆重纪念盟军诺曼底登陆65周年，有包括奥巴马总统在内的西方大国总统、首相、总理等首脑人物出席的庆典，其空军仪仗机群编队也只有12架战机。可见，新中国开国

大典的空军机群规模及气势不能算小啊。这一对比，就不难体会在图1中毛泽东、董必武等领导人的喜悦心情了。

当时，天安门东侧的东交民巷，尚为西方国家的兵营及总领馆等强权盘踞，躲在楼馆里的武官与领事们对新中国空军露脸而大为惊诧！美国驻华武官包瑞德上校曾驻过延安，与中共领导人有过交往，因而大着胆子走出领事馆院子，站在广场边架子上拍摄我阅兵式。他了解1946年国民党飞行员刘善本驾驶战机投奔延安后，老蒋很快就派空军将这架飞机炸毁的事情经过。因而，包上校发给美国五角大楼的报告中，很惊讶地提及中共为什么就"突然之间冒出"空军机群编队？要知道，整齐地在空中编队飞行，需要每个驾驶员皆掌握娴熟的飞行技术啊！不久，朝鲜战争爆发，新

图3.开国大典时，新中国空军首支编队机群飞过天
　　安门上空
图4.日本关东军空军某部大门
图5.日本关东军官兵缴枪之后，成了我军的俘虏
图6.1945年深秋，初入东北的彭真
图7.1945年深秋，初入东北的伍修权
图8.1945年，34岁的林弥一郎
图9.1946年1月1日，航空总队成立时的彩门

图10.1946年间，老航校从山东老根据地挑选了一批学员，这是学员王海
图11.试飞前，日本教员与中国学员合影

中国空军就在朝鲜战场，与经过二战锤炼的美国空军较量中展现了实力，号称美国空军王牌飞行员的戴维斯所驾飞机被我军一举击落，更令华盛顿的将军们在惊愕中探究：中共飞行员何以有如此精湛的空中战术？

新中国空军编队为什么"突然之间冒出"，并在朝鲜战场表现不俗？这是一大谜团。

在我国改革开放之后，这一大谜团终于得以解开。抗战胜利后，中共战略大转移及时抢进东北，迅速建立东北老航校。这所学校在我国空军史上被称为"新中国空军的摇篮"。吃尽了没有空军苦头的人民军队，深感建设空军的必要与迫切。当时党中央估计到日本盘踞东北多年，修了很多机场，有航空工厂，有飞机，这对建立新中国人民空军极为有利（图4）。

1945年9月在沈阳刚成立的东北民主联军，将筹建东北航校视为极其重要的大事。10月上旬，最早出关的曾克林部第二十一旅报告，在凤凰岭地区一个农场受降了一支日本关东军某航空部队（图5），有飞机驾驶员、教练、地勤人员、机场技术人员等。东北民主联军司令员林彪、东北局书记彭真（图6）、参谋长伍修权（图7）等听闻后很是高兴，明确由伍修权出面与这支关东军航空队队长林弥一郎少佐（图8）谈话，争取他们为我办航校服务，全权负

图12.装配修理起来的飞机共同使用一副螺旋桨
图13.使用马车拉运飞机

责筹建航校。

林弥一郎是日本空军精英，日本空军史称他屡建"战功"，战争后期他率领的部队有300多人，负责沈阳防空并担任截击从四川起飞轰炸日本本土的美军B-29轰炸机群的任务。"8·15"日本投降后，林弥一郎决定向东北民主联军投降。他们在没有受降方武装人员的一块林中空地上，被要求向摆着的一排旧长桌"交出武器"，没有发生令他们难堪的场面。然后，林弥一郎和他的部属受到款待，民主联军把他们当做朋友，饭桌上有米饭、蔬菜和肉食，而民主联军自己却吃高粱和玉米，作为战俘的林弥一郎深感内疚，对中共部队有了感性认识。

伍修权与林弥一郎谈话，对他讲明了我党战后对待日本战俘的基本态度和政策，指明日本侵华战争是少数日本军国主义分子挑起的，侵略战争的责任应由日本军国主义分子承担，对一般日本军人我们是加以保护的。通过晓以大义，伍修权直截了当地要求他们留下来，为我们训练航空人员；同时，答应对他们不以战俘身份对待，改善生活待遇，安排好他们的家眷，待条件具备后尽早安排他们回日本。谈话中，林弥一郎要求伍修权将随身佩带的一支勃朗宁手枪送给他做纪念。伍修权曾对笔者回忆说："我听后，没有立即回答赠枪的

图14.学员林虎参加开国大典空军编队飞行，这是起飞前受阅
图15.志愿军空军大队长王海
图16.老航校学员、志愿军空军英雄张积慧
图17.老航校学员、志愿军空军英雄刘玉堤

事，经过短暂而复杂的思考之后，用人不疑嘛，我不是强调了不以战俘身份对待他们吗。"临别时，伍修权站起来走到林弥一郎身前，拍了拍他的肩膀，从腰间把手枪解下来，递到对方手中，说："要知道，它对我很珍贵的，伴随我参加了红军长征和八年抗战啊！"林弥一郎感动了！他懂得这支手枪的分量。

　　林弥一郎在这支部队中很有威望，经过他的努力，说服了大家跟随他参加协助中共创建空军的工作。当时，中央对利用各种条件创建空军极为重视，批准东北局成立航空委员会，由伍修权任主任委员，林弥一郎出任委员。紧接着又成立航空总队（图9），林弥一郎任副总队长。东北航校正式成立，林弥一郎任主任教员兼校参议。东北局彭真书记还对筹办航校作了具体指示：其一，与延安派来的干部一起，组织班子确定办校任务、方针；其二，把日本航空技术人员、国民党起义人员团结组织起来，按我军办法，实施管理教育，开展工作；其三，到南满各地搜集飞机航材；并立即决定从老根据地抗大山东分校精选了100多名航空学员。多年后成为空军司令员的王海（图10），以及后来在朝鲜击落戴维斯飞机的空军战斗英雄张积慧等，皆是从山东选来的。学员的驾驶教育是按照林弥一郎编写的《驾驶指导要领》实施的。许多学员首次上天都曾由林弥一郎亲自带飞（图11）。经过艰苦努力（图12），从各地搜集的多种

图18.因积劳成疾去世的日本友人，安葬在东北牡丹江畔
图19.1985年1月，彭真会见访华的林弥一郎

机件拼凑修理成的几架日本"九九式高级教练机"被拖到了跑道上（图13），大家既佩服又惊奇，这些拼拼凑凑的"再生"破旧飞机能飞吗？大家都捏着一大把汗。试飞是由林弥一郎、黑田、大澄国一等几位日本飞行教官担任的。林弥一郎对飞机逐架检查，有的零件是用铁丝联结起来的，有的部件是手工锉出来的代用品……他吃惊地问部下："能行吗？"部下们说："我们研究过，行！试飞吧。"林弥一郎在众人注视下，带头钻进一架飞机。这架飞机螺旋桨是锯短了的，座椅上代替安全带的竟然是一条麻绳，连救命的降落伞都没有配备。他抱着听天由命的念头起飞了！接着这些飞机一架接一架地飞上蓝天。东总及航校校长等中国领导干部高度评价日本朋友的高超技术，对航校的未来充满了信心。

日本朋友在东北老航校和后建的空军第七航空校，工作了十余年之久，对中国人民的航空事业做出了积极的贡献，与我老航校人员建立了深厚感情（图14—图17）。在这批日本朋友中，有不少人积劳成疾在中国逝世，被安葬在他们称为第二故乡的牡丹江，他们永远活在中国人民心中。图18中的墓地里安葬着寺村邦三、简井昌已、松村启介、八角敏子等16位日本朋友。50年代后期，东北老航校的日本朋友们先后回到日本。回国后他们常聚在一起，还成立了"航七会"，后来发展为"日中和平友好会"，林弥一郎担任会长。林弥一郎和会中许多人多次访华，长期以来为发展日中友好做出了新贡献。林弥一郎每次访华，皆受到我国国家领导人、军委及空军领导人亲切接见（图19—图21）。

被誉为新中国"空军之友"的林弥一郎，于1999年8月14日病逝，享年88岁，称为"米寿"。

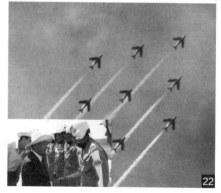

图20.1985年1月，伍修权会见访华的林弥一郎
图21.1986年6月，东北老航校纪念建校40周年，空军司令员王海亲自为自己当年的教官林弥一郎讲解东北老航校校史和新中国空军史图片展
图22.1986年6月，东北老航校纪念建校40周年，新一代空军驾驶员们做空中编队表演。落地之后，林弥一郎上前热烈祝贺

"对越南政府要求建立外交关系，应立即答复同意"

——毛泽东在莫斯科决策承认越南民主共和国

图1.秘密访华的胡志明（左一）历尽艰辛抵达北京。图为他与朱德会见

图2.1945年9月2日，胡志明（右六）在河内巴亭广场发表独立宣言，宣告越南民主共和国成立。图片由越南胡
　　志明博物馆提供

　　中华人民共和国开国大典之后，第一个访华的外国元首就是胡志明，但是秘密访问。因为绝对保密，不准拍照，图1这张拍于1950年1月的照片，极为珍贵。当时，胡志明历尽艰辛来到北京，朱德总司令会见了他，他成为入住中南海的第一位外国元首。

　　胡志明冒着极大生命危险来华，沿途穿越了几个战乱危险区，确属不易。

原来，胡志明任主席的越南民主共和国，在日本投降后的1945年9月2日宣布建国（图2），但没多久，法国殖民当局就打了回来。面对强大的法国殖民军队，胡志明只好率党政军要员退入越西北深山老林里，从此在极为艰苦困难的条件下坚持斗争（图3）。西方传媒将胡志明和他的共和国称为"幽灵国家"，数年未予承认。

在艰苦卓绝的岁月里，住在深山茅棚里的胡志明想念着大革命时在广州及抗日时期在延安、重庆、桂林等地结识的中国共产党人。胡志明通过随行电台捕捉电波，尤其是他通晓汉语，密切关注着北方新中国诞生的动态（图4）。当得知中共中央入驻北平的消息，他就给周恩来写密信，派出得力干部李碧山、阮德瑞化装穿越国民党占领区，设法把信送到北平。不久，传来了毛泽东在天安门城楼上宣布中华人民共和国成立的消息，胡志明得知后兴奋得难以入眠。李、阮两密使于1949年12月间到达北京，将密信交给刘少奇，要求新中国与越南民主共和国建交，并给予越南军事和政治等方面的援助。1949年12月24日，当时代理中央主席的刘少奇主持政治局会议研究外交承认及援助越南等问题，认为在法国尚未承认中国之前，与越南民主共和国建交有利有弊，利多弊少。

1949年12月间，胡志明听闻陈赓将军正率大军解放广西，他在森林里再也待不住了。当年中国大革命时，他在广州为孙中山的苏联顾问鲍罗廷做翻译，陈赓是他结交的好朋友，两人曾同住一间寝室，无话不谈。于是，胡志明决定在此历史大转折关键时刻，亲自北上去中国求援。胡志明一行赤脚行进，穿越法军两道封锁线，十分艰险，有时头顶上甚至有法军直升机低空搜索。正当胡志明北上途中，1950年1月6日，英国宣布承认中华人民共和国，受英国影响的法国正待最后决定。胡志明在深山密林里潜行17天，1月17日，终于迫近中越边境龙州县的水口关。当时，越南境内高平一带集结着近万人的越境逃窜的国民党第十七兵团残部，他们正蠢蠢欲动要打过水口关，想趁陈赓大军西进云南之机回窜桂南，夺取龙州并往东逃向海南岛。胡志明冒着危险到了边境，看到

图3.胡志明骑马行进在深山密林里。图片由越南胡志明博物馆提供
图4.胡志明密切关注着中国人民解放战争的进展。摄于1948年10月18日。图片由美国国家档案馆提供
图5.毛泽东在苏联

了北边守关的解放军哨兵和关楼上的五星红旗。陈赓的名字成了他入境最好的
"通行证"。

　　胡志明秘密到来的消息，从龙州守军迅速传到南宁、北京，并上报给了正
在苏联访问的毛泽东。17日深夜10时，毛泽东从莫斯科给刘少奇发出决策急
电："对越南政府要求建立外交关系，应立即答复同意（图5）。"紧接着，
又连续发了两封与越南建交的相关电报，其中包括毛泽东以周恩来外长名义起
草给越南外长黄明鉴的外交承认电报。这是不到24小时内，毛泽东为中越建交
连发的三封电文。上世纪90年代，笔者在新中国成立初期的老外交部楼里设立
工作室时，有机会研读当年毛泽东起草的外交文稿，这才发觉毛泽东是在一天
之内写了三份中越外交文稿。1月18日，胡志明正夜宿边境重镇龙州县城解放
军第四十七军军部驻地。广西军区派精锐部队到龙州接走了胡志明。当天，新
华社播发了中华人民共和国与越南民主共和国建交的消息。后来，越南将这天
定为"外交胜利日"。经毛泽东在莫斯科斡旋，1月31日，苏联政府宣布与越
南民主共和国正式建交。

　　1月19日，胡志明抵达南宁。胡志明刚离龙州城没几天，我第四十七军军
部撤出龙州城诱敌军十七兵团残部"进占"龙州空城，我军旋即回师围城，全

歼灭窜敌军，俘虏6000多名官兵，生俘十七兵团司令刘嘉树。当时，中国到处是战后废墟，敌特滋事，匪乱丛生，桂北地区乃桂系老巢，蛰伏着衡宝战役后大批桂系败将残兵，正酝酿大暴动。广西军区派一个加强营用数辆美式十轮卡车护送胡志明北上，机关枪架在驾驶室顶上，一直护送到桂北全州县，才换乘火车北上。胡志明化装成乡村教师进入车厢，以免暴露身份。沿途旅程断断续续，车上秩序十分混乱，且经常换车，路上又走了十余天，终于平安抵达北京。当时，毛泽东、周恩来正在苏联进行国事访问，胡志明也要求去莫斯科。后来，周恩来搭乘一架苏联军用飞机到哈尔滨接胡志明一同前往莫斯科（图6）。2月中旬，胡志明随同毛泽东、周恩来乘坐专列经西伯利亚回京。在苏期间，胡志明曾希望面见斯大林要求军事援助，但遭到婉拒，只得到斯大林赠送的半吨治疟疾的奎宁。在回中国的专列上，胡志明希望中国派兵入越援助，毛泽东说新中国军队遵循"不出境作战"原则，但深知越方困难，同意支援武器弹药。胡志明又要求派

图6.张闻天与秘密来莫斯科的胡志明在中国驻苏大使馆交谈
图7.韦国清（前）、罗贵波（后）和邓逸凡（中）在越北驻地。图片由韦国清夫人许其倩提供
图8.在边界战役中，胡志明和陈赓一起看军事地图。图片由韦国清夫人许其倩提供

图9.胡志明与韦国清在夜间商量作战部署。图片由韦国清夫人许其倩提供

图10.拉加农炮上山。图片由韦国清夫人许其倩提供

图11.胡志明在奠边府与法军的决战中。图片由越南胡志明博物馆提供

图12.奠边府大捷，缴获法军大批武器与装备。图片由越南胡志明博物馆提供

军事顾问，毛泽东说，我们只有"小米加步枪"的"土顾问"。于是，胡志明向毛泽东点名要陈赓将军。毛泽东点头了，说回去跟中央的同志商量。毛泽东回到北京，提议政治局开会定下援越事项。

1950年春节之后，中国先派出罗贵波携电台入越西北森林里任中共驻越联络代表，接着又专派陈赓从云南秘密入越，并选派一批军事干部组成军事顾问团，由团长韦国清将军率领，秘密入越，行前毛泽东接见并讲话（图7）。与此同时，越军主力集结入桂滇境内，进行军事训练并换上解放军较好的武器装备。这年夏秋间，陈赓指挥"鸟枪换炮"的越军主力打了一场边界战役的胜仗（图8），粉碎了法军封锁线，使广西与越北根据地连成一片。从此，越南人民独立解放斗争有了坚强而广阔的后方。

此后，在韦国清及中国军事顾问团的帮助下（图9），经数年努力，1954年春，越军在越西北奠边府包围了法军主力，韦国清深入敌阵前沿摸清法军钢筋水泥连环地堡结构实情。然后，从志愿军上甘岭部队调来工兵

图13.胡志明代表越南人民赠送给毛泽东的大象。图片由越南胡志明博物馆提供

图14.1962年5月19日，胡志明72岁诞辰。从越南来到广西南宁"避寿"在韦国清家里做客。右一为许其
　　倩。图片由韦国清夫人许其倩提供

图15.胡志明徒步进入中国边关

图16.毛泽东会见胡志明

深挖地道至法军碉堡群下，使用巨量炸药一举炸毁。经毛泽东特批从朝鲜战场撤回运至奠边府的喀秋莎火箭、加农炮等重型装备配合越军总攻（图10），打了一个空前的大胜仗（图11），重创法军，震惊了世界。奠边府大捷促成在日内瓦国际会议上签订了印度支那三国的停战协议（图12）。为了感谢毛泽东和中国的支持，胡志明代表越南人民赠送给毛泽东一头大象（图13）。

在数年战火硝烟的斗争生活中，胡志明与韦国清结下了深厚的友谊。1955年元旦，胡志明及越南民主共和国重返首都河内。不久，为欢送韦国清及中国军事顾问团回国，在河内巴亭广场举行隆重的欢送大会，胡志明主席在会上破例用汉语作了长篇演说，表达越南人民的深厚情谊。回国不久，中央军委将韦国清从授衔中将提升为上将。彭德怀元帅极为欣赏韦国清的军事才干，力荐韦国清出任解放军副总参谋长。胡志明闻悉后，在北京会见毛泽东时，要求中国让韦国清主政广西，以便加强双边来往，深化中越友谊（图14）。

毛主席接受国书时，将军们为什么藏身屏风之后

——新中国外交"另起炉灶"派出将军大使

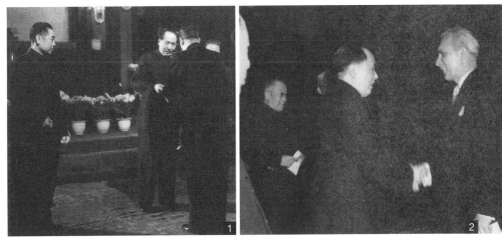

图1.1949年10月16日，中华人民共和国主席毛泽东在勤政殿接受苏联首任驻中华人民共和国大使罗申递交国书
图2.1950年3月10日，中华人民共和国主席毛泽东在勤政殿接受罗马尼亚首任驻中华人民共和国大使鲁登科递交
国书之后，两人握手

新中国成立之后，我国国家元首接受外国使节递交国书、我国大使向驻在国元首递交国书，这是国际交往中最重要的礼仪。图1与图2就是新中国开国外交中最重要的两张经典照片。图1为1949年10月16日下午5时，毛主席在

中南海勤政殿接受苏联首任驻中华人民共和国大使罗申递交国书，这是新中国成立以来的第一份国书。从图中可见，周恩来总理兼外长亲自在场陪同，场面极其庄重肃穆。据当时担任外交部办公厅主任的王炳南回忆，周恩来曾请见识过递交国书的胡济邦来给毛主席讲解相关礼仪。胡济邦是中共地下党女同志，曾在国民党政府驻苏使馆担任秘书，去过许多国家，她回国后就参加了新中国外交部的筹建工作。

图2为1950年3月10日下午，毛主席在勤政殿接受罗马尼亚首任驻华大使鲁登科递交国书之后，两人握手。这张照片在新中国外交史上特别重要，是因为这次毛主席在勤政殿接受国书时，在殿内旁侧的几个小房里，藏身了一批人民解放军很有名的将军，经周恩来总理同意，他们透过窗户纸的小窟窿观看外国大使递交国书的全过程。仪式开始前，周恩来前来检查，不让这些将军大使将纸窟窿捅得太大，说在外面殿堂里看见这儿有一排大窟窿不雅观，只准每人使用铅笔戳个小洞洞。据耿飚回忆，周恩来

图3.新中国成立初期的中华人民共和国外交部旧址的庭院和办公楼

图4.1949年秋，去外交部报到之前在总政大院里留影的黄镇、朱霖夫妇

图5.1950年夏，我国驻匈牙利首任特命全权大使黄镇与身穿旗袍的夫人朱霖抵达布达佩斯火车站时受到欢迎

图6.1951年10月1日，我国驻瑞典首任特命全权大使耿飚与夫人赵兰香在大使官邸举行国庆招待会

图7.1949年秋，耿飚、赵兰香夫妇在西安

图8.军调部期间的伍修权
图9.1950年11月27日，联大席上的伍修权（前排左一）

还意味深长地说"以小见大"嘛。黄镇将军胆子更大，就走出小屋，索性躲在红木屏风后要看个一清二楚。

早在西柏坡中共七届二中全会规划新中国蓝图时，毛泽东就提出新中国外交要"另起炉灶"。开国大典之前，中央决策组建新外交部，要选派一批将军出使国外，为新中国外交挑大梁。这就是史上所称的"将军外交家"。

经过周恩来精选点将，将军们奉命带着家眷到外交部报到。周恩来让办公厅物色了前门煤市街的新华饭店，让大家集中住下，开始举办培训班。培训大使就从"住饭店"开始了！别看这些都是声名赫赫、指挥千军万马的将军，兵团级也好、军级也好，长期以来都是睡在老乡家的门板上、炕上、地上、窑洞、村庙甚至青纱帐里。因此，时任外交部办公厅副主任的阎宝航就曾说，将军们首先要适应住城里饭店，这也是一种"培训"。解放初的北平城里，除了北京饭店、六国饭店，排列下来就得数新华饭店了。据耿飚在回忆录里说：房间里的卫生设备、弹簧床、地毯，使我们这些刚从军营里出来的人感到不习惯，甚至不自在。特别是睡在弹簧床上，整个身体好像陷在"坑"里，翻个身要花很大的力气，还上下颤动，害得人睡也睡不着，坐也坐不稳。培训班在外交部街31号的老礼堂上课，请了学者、专家讲国际法；举行了外交文书展览，

图10.我国驻印度特命全权大使袁仲贤
图11.西哈努克给王幼平佩戴勋章

为他们展出了照会、国书、会谈纪要、备忘录、双边协议等各式各样的外交文书格式样品；在饭店里集中学习穿西装、打领带、跳交谊舞；还去北京饭店学摆刀弄叉吃西餐，学怎么摆台，怎么安排主人客人的位置。

住饭店培训时发生了开国外交史上有名的"夫人风波"。要求大使穿新中山装，将军们还可以接受；但要求夫人穿上旗袍或者连衣裙，夫人们就觉得很别扭，太像她们进城前要打倒的"地主婆"了。胡济邦过来检查，说这个人内裤太长，露在开衩旗袍外面不雅观；那个背心露在胸前，不礼貌；还说，解放区长短发型不符合外交礼仪要求，要烫波浪卷发、搽口红、抹一点粉。黄镇夫人朱霖火了："我不干了，最好选能干的去干吧！我要回部队。"不少夫人也附和，很有情绪。加上外交部里有个领导来讲话，说："称你们为夫人、太太，你们不要忌讳，这是革命的需要。"这下，她们这些天来压抑着的不满情绪爆发了。晚上，她们召开紧急会议，大家慷慨激昂，满腹牢骚都抖了出来，吵成一团。有的还为此吵着要离婚，回部队。大家都说跟男同志到外交部是倒了大霉，坚决反对当夫人、太太！大家一致推选朱霖和王珍（韩念龙的夫人）做代表，向上反映情况。她俩到外交部要求周恩来（兼外交部长）接见，说得声泪俱下。

图12.主管亚洲事务的外交部副部长韩念龙
图13.首任驻朝鲜大使倪志亮

部领导接见了她们，表示一定把她们的意见向周恩来转达。周恩来获悉后，很快就派邓颖超来看望培训班的女同志们。邓大姐说，恩来派她来告诉大家，外交是一条特殊的战线，大家都是外交战士。外交战线，男女同工同酬、同工同名。男同志能当外交官，女同志也能当外交官，你们是新中国的外交人员，应安心工作和学习，争取当优秀的外交战士。大家听了都松了一口气。邓大姐还现身说法：她在国民党统治区中共代表团工作时，也不习惯人家称她太太，还闹过笑话。有一次，电话铃响了，人家说要找周太太，她脑子还没有转过来，回答说，我们这儿没有周太太，但放下电话才想到，人家找的就是自己呀。为了工作需要，人家叫你太太就太太吧，叫你夫人就夫人吧，不要忌讳。在外交场合，夫人、太太地位高，人家一般不给外交官讲的话，却给夫人、太太讲，认为枕边话可以影响丈夫。邓大姐一番话，使大家的思想一下子都通了。

将军们觉得改行当大使，代表国家责任重，很认真，很投入，提出想观看毛主席接受国书的仪式。因为毛主席一直在苏联访问，尽管有的外国大使已经到京了，也还安排不上呈递国书的正式仪式。1950年3月初，毛主席从苏联访问回到北京几天之后，将军们终于在勤政殿旁边的几个小房间里透过窗窿眼，从头到尾地观看了罗马尼亚首任驻华大使鲁登科递交国书的全过程。

仪式刚结束，有人就提议何不趁热打铁，当场就演练演练。于是，他们就在勤政殿里的小屋中，你当元首、我呈国书地轮流预演起来。周总理过来说："毛主席听说你们在这里观礼，很高兴，要接见你们。"将军们喜出望外。毛泽东很高兴地跟大家逐一握手寒暄，听周恩来在旁边介绍每位将军的情况。毛主席说："我们新中国的外交是'另起炉灶'，需要新的外交干部。解放军是我们历来培养干部的地方，所以中央决定从部队挑选你们出来。"他还幽默地说，"我讲将军当大使好，好在哪里？首先，你们出去我们放心，因为你们不会跑掉。"当时海外新闻刚有某国驻外使节叛逃的报道。有的同志提出，我们不懂外语，怕搞不好外交工作。毛主席说："汉代的班超、张骞不是也不懂外语吗？但他们出使西域，不仅能够不辱使命，而且功绩卓著。"在接见中，毛主席还说："你们这些将军出国当大使，不算转业，可以保留军籍。"

毛主席接见之后，这批将军们先后偕夫人走马上任。截至1951年6月底，新中国所派出首批驻外特命全权大使15人中，将军占了绝大多数。他们当中有伍修权、姬鹏飞、韦国清、韩念龙、罗贵波、袁仲贤、耿飚、黄镇、王幼平、倪志亮、曹祥仁、谭希林、彭明治。新中国外交史表明，将军外交家们为崛起的新中国走向世界舞台做出了卓越的贡献。

毛泽东让耿飚在巴基斯坦打开我国西部大门

——中巴友好关系的新篇章

图1.1965年3月4日，毛泽东在宴请巴基斯坦总统阿尤布·汗之前双方进行友好的谈话

图2.1956年10月1日，耿飚在巴基斯坦举行国庆招待会

      1965年3月4日这天中午，毛泽东在人民大会堂会见巴基斯坦总统阿尤布·汗时心情很好（图1）。毛主席先给客人敬了烟，阿尤布·汗比毛主席年轻十岁，赶紧接过后放下烟卷说不吸烟，毛主席笑了自己点烟。

      毛泽东这时心情很好是有理由的，十年前他部署的"打开西部大门"已经基本实现了。

图3.1956年12月，周恩来首访巴基斯坦，与耿飚在使馆院子里交谈

图4.1963年3月，副外长耿飚与巴基斯坦驻华大使在北京签订《中巴两国边界协定》

图5.耿飚在飞机上陪同访问巴基斯坦的贺龙

新中国成立之初，他就在外交战略上很重视巴基斯坦。巴基斯坦是南亚地区第二大国，在地缘政治上处于重要的战略地位，古代丝绸之路就经过巴国北部通往中亚与欧洲。早在1951年5月两国建交开始，毛泽东、周恩来就高瞻远瞩地开展对巴基斯坦的工作，发展两国关系不仅符合两国的利益，而且有助于亚洲与世界和平。当时，朝鲜战争结束之后，美国加紧封锁新中国，1954年至1955年两年间，先后在马尼拉与巴格达签订组建了两个具有"反共"军事同盟性质的"东南亚条约组织"与"巴格达条约组织"。通过这两个军事集团，组成新月形反共反华包围圈。

这两个军事条约组织构成反华军事链条的交汇点，就是巴基斯坦，它同时参加了这两大军事集团。毛泽东的外交战略思想中有一句很形象的话，就是他对刚刚出任驻巴基斯坦大使的耿飚将军说的："打开西部大门。"1955年11月间，耿飚将军在瑞典、丹麦、芬兰"一身兼三使"任期届满回国后，很想返回军界，但是毛主席、周总理又有重任要交给他。

1956年春节刚过，他又被任命为我国驻巴基斯坦特命全权大使（图2）。就任新职不久，毛主席特别约耿飚去游泳池谈话，说："我们要想办法打破帝国主义的经济封锁，在这方面，你这个驻巴基斯坦大使要起作用啊！"耿飚问："我能起什么作用呢？"毛主席说："巴基斯坦地理位置很重要，它连接西亚和东南亚，帝国主义将它作为对我国军事包围的重要环节，而中巴友好则有助于打破这个反华军事包围圈。我们仅有香港这个南大门还不够，我们要打开西边的大门！"毛主席一番话，使耿飚深感身上担子很重。

耿飚赴任不久，1956年12月，周总理首访巴基斯坦（图3）。周总理对耿飚说："从历史的黎明时刻起，中国、巴基斯坦两国人民就开始了友好往来。中巴两国的传统友谊，是古代丝绸之路开始凝结起来的，我们进一步发展巴基斯坦成为友好邻邦，使两国友好合作关系符合各自的战略要求。"在周总理指导下，耿飚大使带领使馆同志们经过数年努力，两国于1963年3月在北京初签《中巴两国边

图6.1964年5月，周恩来与巴外长阿里·布托一家合影

图7.1965年4月，周恩来访问巴基斯坦时与巴总统阿尤布·汗握手

图8.1978年6月18日，应巴基斯坦政府首脑齐亚·哈克将军邀请，国务院副总理耿飚率中国政府代表团出席喀喇昆仑公路竣工典礼

图9.喀喇昆仑公路的起点红其拉甫山口
图10.红其拉甫山口的界碑

界协定》（图4），并开始边界谈判。同年8月，中巴两国签订了《航空运输协定》，1964年4月，巴基斯坦国际航空公司通航上海。这是中国第一条经过巴基斯坦直接通往西欧的航线，它不仅大大缩短了中巴两国交通距离，而且为中国发展同西欧国家的关系开辟了捷径。在飞机通航时，周总理高兴地对巴基斯坦驻华大使罗查少将建议说，天上通了，地上也要修通一条中巴国际公路。1964年，两国签订协议，开始在世界屋脊上勘察修建喀喇昆仑国际公路。

到了1965年3月，巴基斯坦总统阿尤布·汗访问北京的时候，随着中巴友好关系的发展，巴基斯坦对其之前参加的两大军事集团的立场发生了变化。巴基斯坦反对卷入美国侵略越南的战争，在国际活动中，坚持对华友好的外交政策。巴基斯坦外长布托对周总理说，由于巴基斯坦的反对，东南亚条约组织基本上已经失去作用，巴格达条约组织也在起着类似的变化。

1965年3月26日，两国政府代表在拉瓦尔品第正式签署了《中巴两国边界协定》，完成了边界谈判。中巴边界条约的签订，是中巴关系史上的重要里程碑，是两国外交的重大胜利，是两国友好关系全面发展的新起点。

1968年，巴基斯坦不再与美国续签军事协议，关闭了美军在白沙瓦针对中国的军事基地。进入上世纪70年代，巴基斯坦先后宣布退出英联邦，退出东南

图11.喀喇昆仑国际公路的现貌
图12.在喀喇昆仑国际公路行驶的巴基斯坦司机喜欢将自己的货车打扮成花车

亚条约组织，退出巴格达条约组织，成为一个不结盟国家。

象征中巴人民深厚友谊的标志，就是被称誉为"世界屋脊彩虹"的喀喇昆仑国际公路。

它北起新疆喀什，穿越喀喇昆仑山脉、帕米尔高原，经过古丝路要隘中巴边境口岸红其拉甫山口，南到巴基斯坦北部城市塔科特，其中我国境内415公里，巴基斯坦境内809公里。1966年两国工人在帕米尔高原炸响了开山第一炮。根据协议，中巴双方从两国边界海拔4700米的红其拉甫山口（图9、图10）向各自方向修建公路。1969年开始，原本由巴方负责建设的红其拉甫到哈里格希路段改由中方施工，哈里格希至塔科特的路段上的十余座桥梁也由中方建设，塔科特到伊斯兰堡的路段则由巴方建设。中国工程人员援助巴方建设了北起红其拉甫山口、南到塔科特大桥的路段，全长613公里。中方建设的路段最南端为塔科特大桥，于2004年8月更名为"友谊桥"。巴基斯坦为纪念牺牲的中国工程人员，曾于1978年特意在喀喇昆仑公路途经的北部地区首府吉尔吉特市修建了一座烈士陵园。碑的正中题写了"中国援助巴基斯坦建设公路光荣牺牲同志之墓"。

1978年6月18日，应巴基斯坦政府首脑齐亚·哈克将军邀请，国务院副总

图13.1971年7月8日，基辛格飞抵巴基斯坦首都，在机场受到叶海亚·汗总统欢迎。当晚基辛格乘坐叶海亚的专机秘密飞往北京

理耿飚率中国政府代表团出席喀喇昆仑公路竣工典礼。图8再现了当时特别动人的剪彩情景：中整个剪彩只使用一把剪刀，齐亚·哈克将军（左一）作为巴基斯坦政府首脑，自己不动剪刀，把剪刀给了耿飚副总理，以表彰耿飚对开拓中巴两国友好关系所做的杰出贡献。1979年，喀喇昆仑公路正式宣告建成，1986年5月正式对外开放（图11、图12）。喀喇昆仑公路是自人类建造金字塔以来的最大工程，因修建难度大，被誉为"世界第八大奇迹"。

西部大门的打开，巴基斯坦通道的建立，促进了在不久之后的1971年7月，基辛格博士作为美国总统尼克松的特使，秘密使用"巴基斯坦通道"，飞越世界屋脊访问北京（图13）的举动，自此中美关系掀开了震惊世界的新篇章。

新中国大使首次在西方世界亮相

——在斯德哥尔摩自己驾车的将军大使耿飚

图1.1950年9月30日，耿飚与夫人赵兰香在瑞典首都举行新中国国庆招待会，此照是他们正在欢迎嘉宾到来
图2.穿西装的耿飚与穿旗袍的赵兰香在迎候贵宾

　　1950年9月30日，在瑞典首都斯德哥尔摩举行的新中国国庆招待会，是
新中国驻外使节在西方国家举行的第一次国庆招待会，被法新社记者称为
"人民中国红色大使首次在西方世界亮相"。

　　图1、图2、图3皆是当年招待会的珍贵照片。除了拍摄照片之外，耿飚

图3.耿飚在国庆招待会上举杯祝酒
图4.耿飚在丹麦公使馆指挥馆员们唱歌
图5.1949年9月,耿飚任第十九兵团副司令员兼参谋长时,在银川仁存黄河渡口,耿飚(左二)面向黄河渡口看着自己
    乘坐的第19-003号吉普车登岸

大使还特别安排人员把国庆招待会拍成内部纪录影片,送呈国内。当时耿飚刚
刚赴任,尚未建馆,招待会就租用大使所住的斯德哥尔摩大旅馆的宴会大厅举
行,邀请了约500位贵宾参加,其中包括瑞典的内阁大臣、政党领袖、军界要
员、议会议员、市府官员、社会名流、华人华侨代表以及各友好国家驻瑞使
节。新中国在西方世界"亮相"的招待会,也特别引起世界各大传媒关注,各
方嘉宾与记者们将偌大的宴会厅挤得水泄不通,热闹非凡。这个招待会,不仅
在瑞典政界、外交界和新闻界,也在西欧及西方世界产生了较大的反响,有利
于瑞典人民及西方世界更好地了解刚刚诞生的新中国。由于耿飚大使是著名的
将军,且是参加过举世闻名的长征的将军,也特别引起各方关注与兴趣。

新中国成立之初,周总理为组建共和国外交部而选派一批将军出任驻外使
节,首先就想到了耿飚。在这批将军当中,只有耿飚是亲自驾着军用吉普来
外交部报到的。新疆和平解放,大西北的革命战争基本结束了,1950年元旦刚
过,耿飚就在十九兵团驻地接到中央的调令,令他即赴北京去外交部报到。他
当时担任着十九兵团副司令员兼参谋长。杨得志司令员知道他早在红军年代就
会开车了,解放战争中更爱开那辆缴获的美式吉普。平时,他经常开着车到各
军军部和部队基层办事(图5)。为了表示兵团的盛意,杨得志司令员就和李

图6.北平和平解放时期，耿飚与战友合影。左一为耿飚，左二为杨得志
图7.1944年冬，耿飚与美军观察组的多姆克在行军途中合影。美军观察组拍摄

志民政委商量后，告诉后勤部让他将那辆吉普车带走，算是兵团的一点心意。耿飚考虑到外交部刚建不久，车辆和司机都缺乏，自己带车去可以减轻机关的负担，于是就接受了。

周总理点名耿飚搞外交，是有原因的。早在延安时期，耿飚就有与外国人特别是美国人打交道的经历。1944年9月，周恩来亲自给他交代任务，让他带领美军驻延安观察组的七人小组去晋察冀根据地，小组组长是保罗·多姆克上尉。当时，耿飚是晋察冀军区副参谋长兼联络部长，因是骑马去的，一路行程坎坷，耿飚为此积累了与美军打交道的经验（图7、图8）。1946年1月，中共与国民党、美国三方组建军事调查执行部的时候，周恩来就将耿飚调到北平军调部任少将衔的中共代表团副参谋长兼交通处长，因此耿飚又与马歇尔将军率领的美军代表团打过交道（图9、图10）。

1950年春节过后，耿飚驾驶军用吉普到北京东单外交部街甲31号外交部大院报到，周恩来总理找他谈话。原来在这批首任驻外大使的将军中，中央准备任命他为驻联合国的军事代表。后来情况有变，新中国进入联大的问题一时还难于解决。新中国宣布成立后，很快苏联及其他社会主义国家就承认了新中国。当时冷战时期，美国竭力拉拢西方国家封锁与扼杀新中国。1950年5月9

图8.耿飚（左二）与多姆克在
行军途中用餐。美军观察
组拍摄
图9.1946年春，在北平军调
部时的耿飚

日，经谈判后承认只有一个中国的瑞典王国与我国建交，这是西方世界第一个与中华人民共和国建交的国家，周总理报经毛泽东批准选定耿飚将军出任我驻瑞典首任特命全权大使。赴任行前，周总理特别对耿飚强调："你是我国向西方国家派出的第一个大使啊！你要努力使瑞典成为我国与西方世界联系的纽带。"耿飚在回忆录中写道，他一生中经历了许多"第一次"，第一次从部队去当驻外大使，第一次穿西装，第一次吃西餐，第一次越过国界，第一次来到西方国家首都，第一次呈递国书，第一次进行外交拜会。图1就是他第一次举行国庆招待会。

耿飚大使一行于1950年9月10日抵达瑞典首都斯德哥尔摩就任。不久，他还被任命兼任驻丹麦、芬兰的首任使节，担负"一人任三使"的重任。当时国家困难，外派人员有限，仅有一个专职司机，应付不了繁忙的外交事务。有一次，耿飚临时要去参加外交活动，而司机开车去办别的公务了。怎么办？耿飚就自己驾车出席外交活动，这在当时国际外交界是罕见的。在欧洲各国首都驻外使馆中，的确没有大使自己开车的。从此，耿大使自己开车出去办事，就习以为常了。耿飚还经过考试，拿到了瑞典的汽车驾驶证。在耿大使影响下，好些外交官也学会了开车。当时，瑞典外交界、新闻界没有嘲笑或看不起，反而将此传为佳话："大使阁下亲自开车，真了不起！"瑞典报纸还在耿飚名字前面，冠以"自己开车的大使"。这产生了一个出乎意料的效果：增加了中国大使馆与耿大使的知名度，反而更有利于大使和使馆人员同瑞典各界人士的接触，有利于跟他们交朋友。身兼三使的耿飚，到丹麦、芬兰去办事时，自己驾车前往，通过沿途的亲历见闻，对北欧的风俗民情有了更深的了解。

不久，周总理指示耿飚秘密协助李四光的女儿李林经瑞典回国。李林在英国剑桥学业有成，是金属物理学博士。耿飚亲自驾车到斯德哥尔摩城郊四周无人的乡村邮筒，投递发信，与李林联系到瑞典"旅游"的方式。李林从英国东海岸乘船到瑞典西南某港之后，乘火车到斯德哥尔摩，耿飚、赵兰香夫妇接她回到使馆。不久，就安排其经莫斯科回国，与父亲李四光一起为祖国效劳。耿飚一次回国述职，周总理在北京饭店举行宴会请其作陪，就座之后，耿飚先是吃惊，之后就乐了起来，原来周总理宴请的就是李四光与李林父女。李林回国后，在材料物理学研究方面做出了出色成绩，后来当选为中国科学院学部委员（后改称院士）。

图10.军调部调解小组在四平街。右一为耿飚
图11.耿飚在斯德哥尔摩与驻瑞典的友好国家大使在一起
图12.1979年，耿飚重返瑞典访问时，与国王卡尔十六世在王宫合影

085

老天给胞波兄弟"泼水"
——中缅解决边界争端的成功范例

图1.1960年9月28日下午，缅甸总理吴努率代表团来京参加新中国国庆庆祝活动并签订缅中两国边界条约。图
　　为周恩来在首都机场雨中喜迎
图2.1960年4月，周恩来访问缅甸期间身穿缅甸民族服装，手持银碗参加仰光的泼水节。杜修贤摄

　　当今世界首脑外交格外频繁，各国领导人迎来送往的照片数不胜数。但是本文主题照片（图1），表现的是周恩来总理雨中在首都机场迎接缅甸总理吴努，魅力独具，格外感人。这是笔者深为喜爱并珍藏多年的照片。此照片是1960年9月28日下午由新华社记者拍摄的。当时吴努总理特意选择新中国国庆

期间率领缅甸联邦政府代表团抵京，参加在北京举行的中缅两国边界条约签字仪式，以示隆重与喜庆，时称"双喜"。中缅两国边界条约是新中国成立之后与邻邦签订的第一个边界条约，正如周总理所说：中缅两国签订的这个边界条约，使历史上遗留下来的边界问题获得最后的全面解决。

北京九十月份的天气，一般秋高气爽、蓝天白云，可偏偏这天下午，贵宾专机飞抵时就下起雨来了。照片中的两国总理都被雨水淋着了，缅方礼宾官打着一把雨伞，吴努总理外衣湿得少，周总理外衣湿得多，连帽子顶上都被打湿而有水淌下，胸前大片水珠，水迹在照片中清晰可见，连背景中的麦克风都被罩上了塑料纸。本来这是外交礼仪场合甚为意外的尴尬事，但是照片中的人物皆欣然而笑，都望着朗声而笑的周总理，吴努笑得更是特别开心。周总理究竟说了什么？他说的是：这场雨是老天给我们"泼水"啦。

原来，"泼水"是缅甸国家最崇敬的礼仪，"泼水节"就是缅甸的春节。此前，周总理为中缅友好已经数次访问缅甸，不止一次参加过泼水节（图2）。吴努也曾几次访华。缅甸于1948年1月才挣脱英国殖民枷锁而独立。新中国成立不到三个月，缅甸即于1949年12月16日宣布承认新中国，成为首先宣布承认中华人民共和国的非社会主义国家。中国与缅甸自古是山水相连、关系密切的邻邦，人民长期友好往来，古代丝绸之路南线是两国人民的友好通道，近代缅甸和中国都饱受帝国主义的侵略和压迫，有着相似的命运，还共同进行反英、抗日斗争。抗战中的滇缅公路及中国远征军入缅作战，都是历史上有名的篇章。由于历史原因，滇缅边界没有明确协议，特别是1852年英国发动第二次英缅战争占领缅甸后（图3），英殖民者发现缅北山区土地肥沃，气候湿润，极适于鸦片种植，就染指侵蚀缅中边境。新中国成立之后，缅甸领导人受西方帝国主义散布"毛共中国侵略成性"谎言的影响，忧虑中国与缅境内众多华侨配合，进剿窜入缅甸的蒋军残部，从而侵占缅甸。

1954年，周总理访缅与吴努总理会谈，确定"和平共处五项原则"为指导两国关系的基本准则，周总理还邀请吴努总理访华。同年，吴努总理首次访华

图3.1852年第二次英缅战争后占领缅北地区的英军官兵
图4.1954年12月，缅甸总理吴努首次访华时与毛泽东亲切交谈
图5.周恩来访问缅甸期间与吴努交谈

并两次会见了毛泽东（图4）。双方经过恳谈，解决了华侨双重国籍、不输出
革命等问题之后，吴努放心了，感动地说，原以为在中国会遇到"希特勒"，
原来是遇上好邻居。当时，两国领导人皆有意愿下决心解决历史遗留的边界问
题（图5）。周总理做了深入细致的调查研究，查阅了汉代以来的各种史料、
古籍、地图等，查考了近两百年边境纠纷及交涉经过，甚至对边境地区民族分
布、居住、耕作、风俗等都细加研究。1957年7月，周总理提出了解决中缅边
界问题的一揽子方案，强调互谅互让、公平合理。该方案核心为：英殖民者
"永租"的猛卯三角地区现在已是缅北交通要区，如归还中国会使缅方交通受

图6.1960年，周恩来与吴努交换中缅两国边界条约文本
图7.身穿缅甸民族服装的周恩来
图8.佤族公主胡桂明与侦察英雄黄运书晚年的照片

阻，中方愿意让出这一地区，以交换被不平等的"1941线"强行割去的我佤族班洪、班老地区，其他地区按传统习惯线划界。

吴努总理同意这个方案，认为既考虑了历史背景，又考虑了当时实际情况，照顾了双方利益，公平合理。经过不懈努力，两国得以在1960年中国国庆期间签订《中华人民共和国与缅甸联邦边界条约》，这一年是"中缅友好年"。周总理为制定这个条约倾注了大量心血，在这个过程中形成了一套关于处理边界问题的科学理论，至今还指导着我国与其他邻国的边界谈判。

周总理对中缅边界问题调研，数次到云南，还亲临边界地区。在此过程中，有一段佤族公主的爱情佳话至今还在两国边界地区流传。1955年，解放军在中缅边境清剿国民党军李弥残部时，侦察排长黄运书结识了刚从云南民族学院毕业的佤族姑娘胡桂明，两人产生爱情，但是胡姑娘是第60代老佤王胡忠汉遗下的公主，幼时已被许配给某部落头人的儿子。按佤族人传统习俗，佤族人不能与外族人通婚，王族更不能与平民通婚。大学毕业后，胡桂明被分配在沧源县民族工作队工作，尽管县政府同意两人的婚事，但遭到两方面的强烈反对。一边是摄政王胡忠华代表佤族王室不准；另一边是当时部队规定军官不得与富农以上成分者结婚，部队领导认为胡出身封建王族，成分太高。胡公主对佤王以死相逼，黄运书则逐级向上请示报告，要求与心上人结合。当时环境下，各个部门皆不敢批准。报告终于呈给了正在对中缅边界条约方案调研的周恩来。周恩来批示同意。1956年底，国防部部长彭德怀也亲自批示。中缅边境这对阿佤山里的有情人终成眷属（图8）。

《中缅边境条约》签订次日，周总理在首都人民庆祝大会上说：《中缅边界条约》的签订，全面彻底地解决了几十年来中缅两国人民渴望解决的复杂问题，使长达2000多公里的中缅边界成为和平友好的边界。中缅边界条约是中缅友好关系的里程碑，使两国边境居民能够得到安宁和幸福，使两国人民亲如手足的"胞波（兄弟）"情谊进一步发展，是亚洲各国之间解决边界问题和其他争端的成功范例。

中美日内瓦会谈要回钱学森是一个胜利
——中美大使级首轮会谈内幕

图1.1955年8月1日下午，中美两国在日内瓦举行首次大使级会谈
图2.中方首席代表王炳南（右一）和三位助手

　　本文主题照片（图1）是新中国外交史及中美关系史上最重要的照片之一。这是新中国成立之初，相互敌对的中美两国之间，经过印度、苏联和英国从中斡旋而举行的正式会谈。双方同意级别定为大使级，地点定在素以中立著称的国际都市瑞士的日内瓦。该照片拍摄于1955年8月1日下午，是第一次正式会谈留下的珍贵照片。从此，中美双方接触拉开了序幕。

图3.建于1929年的万国宫老楼
图4.现万国宫广场上的镀金浑天仪，为美国政府赠送
图5.万国宫的一个主要会议大厅

图1中左二是中方首席代表王炳南，右二是美方首席代表约翰逊。照片上四人，王炳南、约翰逊和各自的助手，皆面露笑容。当时中美如此敌对，会谈的一年前在日内瓦国际会议上，杜勒斯国务卿还下禁令，规定美方官员不准与中方官员握手。我采访晚年王炳南时，看了这张照片曾问双方为什么会笑。王老笑说，开始双方比较紧张，为了创造气氛，王向对方说，以前在重庆、南京，我结识了好些美国朋友，并说了几个对方知悉的姓名，引发对方会意的微笑。图2是第一轮日内瓦会谈时的中方班子，右起：王炳南、林平、李汇川、邱应觉（翻译）。图3是会谈所在地，建于1929年的日内瓦万国宫老楼的照片。现万国宫广场前的镀金浑天仪（图4），是美国政府赠送的。中国人发明的浑天仪，美国重金制造送来此地纪念，也是件有意思的事。首次会谈的地点是大楼里由前国联理事会主席办公室改成的小会议室。图5为万国宫老楼中的主要会议大厅，1954年的日内瓦国际会议就在这里举行，周恩来率领中国政府代表团以大国资格首

图6.1945年9月，毛泽东与美
　国总统特使赫尔利在重庆
　机场，中间为王炳南
图7.中美日内瓦会谈期间，王
　炳南在华沙机场对记者发
　表讲话

次登上国际会议舞台，当时王炳南是代表团里的代表。

　　王炳南长期跟随周恩来，是周恩来主要的外事助手，还曾担任过毛泽东
的秘书（图6）。周恩来亲自选定了新中国驻波兰大使王炳南（图7），认为
王是中美大使级会谈中方首席代表的最佳人选，并获毛泽东批准。谈判远离
祖国而需独当一面，既要坚持原则，又要随机应变，随时自己拿主意。周恩
来认为，王炳南早年曾留学日本、德国，尽管英语不怎么流畅，却很擅长与
美国人打交道。王炳南曾安排了埃德加·斯诺穿过白区封锁线去陕北红区访
问；在抗战时期及战后在重庆、南京也表现出色（图8）。毛泽东与蒋介石
在重庆谈判期间，电讯来往任务格外繁重，在重庆的南方局小电台已经不能

图8.1943年间，王炳南与德国妻子王安娜在重庆
图9.晚年的王炳南
图10.青年钱学森

承受，王炳南就有本事从驻华美军司令部借出一部大功率强力电台，当天就带了四名美军专家来代表团驻地安装，当晚就能用。此事被军统侦悉后，戴笠暴跳如雷却又无可奈何。

中美大使级首轮日内瓦会谈主题，是从解决双方平民回国问题开始的。美方首席代表艾里克西斯·约翰逊是美国驻捷克斯洛伐克大使，也是谈判高手，是美国与共产党阵营国家打交道的专家。按照事前部署，会谈开始前一天，即7月31日下午2时，周恩来在中南海西花厅接见印度驻华大使梅农说：中国政府准备采取行动，在适当的时候提前释放被俘的11名美国飞行员，希望美国也有所行动，不要仅仅停留在口头上。消息传到日内瓦，各国记者们对中美会谈情绪格外高涨起来。美联社记者就评论称："会谈还没开始，中国人就抢去了'主动'！"中国向全世界表明了诚意，舆论的天平很快倾向了中国。8月1日，中美会谈一开始，王炳南就首先宣读了中国政府将提前释放11名美国飞行员的声明。约翰逊对此表示了谢意。次日，举行第二次会谈，双方都各提出一份遣返侨民的名单，中方名单中就包括了钱学森。同时，王炳南还提出，中国已经授权印度作为第三国，关照在美国的中国公民的权益。

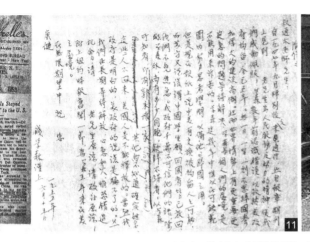

图11.1955年6月15日，钱学森写给陈叔通求援信的手迹。外交部档案馆馆藏
图12.11名美军战俘中的4人，乘火车到达深圳后从罗湖桥出境

　　约翰逊早就知道美国政府对钱学森回国的禁令，看了中方名单后说："大使先生，你提供的仅是一份名单而已，并没有证据表明这些旅居美国的中国公民想回中国去。"

　　这样，钱学森回国问题就在中美首轮会谈中引发了双方的冲突。

　　美国有关当局是极不愿意让钱学森回归祖国的。钱学森是上海人，1929年毕业于北京师大附中，后进上海交大学习，1934年考取清华大学第二届公费留学生，并于次年夏天赴美留学（图10）。此后，钱学森在加州理工学院、麻省理工学院学习和工作，早在1947年他36岁时便已成为麻省理工学院最年轻的终身教授。其间，他曾随美国空军顾问团去考察纳粹德国的导弹技术，被美国空军授予上校军衔。1955年，钱学森44岁，在空气动力学和超音速飞行方面的卓越贡献，使他成为美国火箭研究的尖端人物，美国军方要员称"钱学森一人就相当于五个师"。远离祖国而事业有成的钱学森，有着炎黄子孙报效祖国的强烈心愿。1949年10月6日，新中国开国大典后的第一个中秋佳节，钱学森夫妇和十几名中国留美学生在加州理工学院附近的一个街心公园欢聚赏月，大家兴奋地向往着刚刚诞生的新中国，商议着如何早日回国效力。次年夏末，钱学森

图13.第一批4名美军战俘在香港启德机场即将登上飞机回美国
图14.钱学森夫妇与两个孩子在横渡太平洋的"克利夫兰总统号"轮船上

将行李及800公斤重的书籍、笔记本包装好，运上即将开往香港的美国"威尔逊总统号"海轮。然后，准备全家乘坐加拿大太平洋公司的飞机回国。当时在美国麦卡锡主义反共浪潮背景下，钱学森被无端地怀疑为共产党，五角大楼指示海关非法扣留了钱学森的行李和书籍，移民局通知他不得离境。同年9月9日，美国联邦调查局逮捕了钱学森，把他关押在特米那岛上的拘留所施以非人的折磨。由于钱学森的抗议和美国友人的帮助，当局不得不允许用高额的保释金保释他回家，但对他的行踪与住地进行日夜监视。美国当局的高压阻挡反而使钱学森归国之心愈发强烈。钱夫人蒋英是一位在中国出生，曾留学德国的歌唱家。她很理解支持丈夫，不惜荒废自己的专业，留在家中操持家务，照料丈夫和两个孩子。那时候，他们总是在家里摆好三只轻便的箱子，随时准备动身回国，如此经历了五年多的磨难。在此危难中，钱学森创立了工程控制论，1954年在美国用英文出版了"Engineering Cybernetics"（《工程控制论》）。1955年5月，钱学森从海外华人报纸上看到北京天安门庆祝活动的报道，与毛泽东等党和国家领导人在一起的，有其父钱均夫的杭州同乡故交全国人大常委会副委员长陈叔通，他们称陈叔通为"叔老"。他与妻子商量写信给叔老，通过叔老营救他们回国。当年6月中旬的一天，钱学森夫妻假装到一家餐馆吃

图15.1955年11月，钱学森一家定居北京中关村
图16.1956年2月间，毛泽东宴请钱学森

饭，伺机将钱学森写给陈叔通的求助亲笔信寄出。寄这封信的情节犹如好莱坞间谍片似的：钱学森到了餐馆门口，故意站立在门口而没有步入餐馆就座，让尾随盯梢的联邦调查局特工也在后面不远处守望。此时，蒋英借上洗手间的机会，迅速去给其远在比利时的妹妹蒋华寄了一封家信。这封家信是刚才钱学森临时写在一张小香烟纸上的，信里附有给陈叔通的求援信。然后，由蒋华将信转发给住在上海的钱学森的父亲钱均夫，再由钱均夫寄给北京的陈叔通。现外交部档案馆保存着钱学森1955年6月15日写给陈叔通的信（图11）。钱学森在信中写道："数年前曾动身回国，以至于被美政府拘留，今已五年，无一日一刻不思归国参加伟大的建设高潮，""我们在长期等待解放，心急如火，唯恐错过机会。"陈叔通收到信后，深觉此信重要，当天就向周恩来汇报。周恩来高兴地说："这真是太好了！"并做了营救钱学森回国的部署。

这样，在约翰逊无理拒谈钱学森回国问题时，王炳南亮出了钱学森那封亲笔信，要求美国方面不要再阻挠钱学森等中国留美人员回国。约翰逊无言以对，在事实面前，美国政府不得不与中方达成了允许平民回国的协议。在中国政府的交涉下，美国移民当局最终不得不同意为钱学森放行。多年以后，周恩来曾说：中美日内瓦会谈要回了一个钱学森，会谈也是值得的，有价值的。中国先行释放11名美国飞行员战俘中的第一批4人，乘火车到深圳罗湖口岸离境（图12）。这4人到达香港的同时（图13），美方给钱学森发出允许离境的通知。钱学森接到之后，立即订购船票，虽只剩下三等舱船票，但他归心似箭，还是果断买了票。1955年9月17日，钱学森偕妻子蒋英和两个孩子从旧金山登上"克利夫兰总统号"轮船回国（图14）。抵达香港后，他们受到来自祖国的科学家们的热烈欢迎，随即搭乘火车转往内地，回到了魂牵梦萦的祖国。由于钱学森回国效力，中国导弹、原子弹的发射至少向前推进了20年，钱学森也因此被西方人誉为中国的"导弹之父"。

周恩来大义凛然赴万隆：新中国需要朋友
——"克什米尔公主号"空难背后的故事

图1.亚非首脑们在一次用餐后，仍然聚精会神地议事。二战后纷纷挣脱殖民统治而独立的国家的首脑们，首次在一起举行没有西方大国参加的大会，该议的话题太多了

图2.在"克什米尔公主号"专机空难之后，周恩来仍然决定前去参加万隆亚非会议。图为周恩来乘另一架印度国航飞机"空中霸王号"，从昆明飞抵缅甸首都仰光，缅甸总理吴努在舷梯下迎接

　　新华社记者拍的亚非国家首脑围着长条桌餐后叙谈的照片，是一张十分难得的珍贵照片（图1），这是1955年4月印尼万隆亚非会议期间拍摄的。谈论话题之重要，使亚非多国首脑人物在餐后没有一人离席，照片可见大家围长桌而

坐，正聚精会神地注视着右侧正在讲话的埃及代总统纳赛尔。无论从哪个角度取景，都无法避免有部分画中人只能看到背影。机会稍纵即逝，拍摄者及时抓拍，图中这个瞬间，既表现了发言者纳赛尔为视觉中心，也照顾到席上绝大部分人形象是正面或是侧面。从画面左端起可见：缅甸总理吴努托着下巴倾听；印度总理尼赫鲁右手托腮听着；接着是印尼女翻译；其左侧依次是神情专注凝望发言者的周恩来总理、翻译浦寿昌和陈毅副总理；再过来是主人印尼总理沙斯特洛阿米佐约；再就是后来成为印度总理的英迪拉·甘地；画面右角喝咖啡的是塞浦路斯马卡里奥斯三世大主教；背对镜头的是越南总理范文同。笔者

图3.冒着生命危险出席万隆会议的周恩来受到与会各国代表的热烈欢迎。图为各国代表排队请周恩来签名

图4.万隆市中心曾经的荷兰殖民者俱乐部，在印尼独立后改名为独立宫，第一次亚非会议的主会场就设在这里

图5.周恩来在大会作的关于"求同存异"的著名发言，至今还影响着国际外交舞台的政治生活及国家关系。为他担任翻译的是后来成为著名国际问题专家的浦寿昌

图6."克什米尔公主号"空难之后，印尼爱国华侨们格外关心周恩来的安全。图为华侨们从安全考虑提供给周恩来下榻的万隆城郊塔曼萨里街10号别墅

注意到，众首脑皆将盘中西餐佳肴大体食净，但我国翻译浦寿昌面前的餐盘仍盛着食物，可见之前首脑们讨论的话题之重要，使他没有一点儿时间来填肚子。

为了阻止周恩来总理代表新中国独立地登上世界外交舞台，敌对势力使用阴谋暗害的极端手段，派出特工在香港启德机场将伪装成袖珍牙膏的炸弹偷运入机舱，从而制造了震惊中外的"克什米尔公主号"空难事件。周总理侥幸避过大难，但敌方仍然继续在印尼组织谋害周恩来的暗杀敢死队。之前，笔者到印尼拍摄《周恩来飞往万隆》电影片时，还看到印尼政府新解密的档案。印尼警方在万隆会议期间还破获了一个在万隆借车队接新娘行刺的"新婚"阴谋。当时，印尼政府动用重兵维护会议安全，在进城各路口层层设卡，部署了装甲车及荷枪实弹的作战部队。敌特妄图在万隆城内动手，让"婚礼"车队藏着的一批杀手，伺机在周总理乘车去独立宫赴会时加以拦截，使用机关枪、手榴弹进行谋害。当时，形势如此复杂险恶，一些国际友人劝周总理不要赴会，改派副总理去就行了。周总埋大义凛然，仍坚持飞赴万隆，他说："新中国需要朋友。"

此前，刚刚诞生的新中国只与二十来个国家建交，其中大部分是社会主义国家和部分民族主义国家，在亚洲除少数几个国家之外，绝大部分国家还与台湾蒋介石当局保持着"外交"关系，我国在非洲尚未有建交国家。刚刚做过急性阑尾炎手术的周总理，不顾个人安危，毅然决定如期飞经缅甸首都仰光，再到万隆参加第一次亚非国家首脑会议（图2）。

"克什米尔公主号"空难之后，周总理如期出席亚非会议，使与会各国领袖及政要极为震撼与感动（图3）。万隆会议期间，周总理关于"求同存异"的力挽狂澜的即席发言（图5），使他在会议中起了举足轻重的作用，取得了巨大成功。周总理在会议中表现出的外交风采和扭转乾坤的智慧与胆识，为新中国赢得了朋友与尊重。印尼华侨对周总理的安全极为关心，精心挑选并提供了独立的别墅寓所（图6）。万隆会议闭幕以后，众多亚非国家

图7.停机坪上的印度国际航空公司的"克什米尔公主号"飞机

图8.从这张难得的珍贵照片中仍可以辨认出在香港启德机场登机的中国代表团成员（从左至右）：石志昂、黄作梅、李平、李肇基，四人均不幸遇难

图9.在朝鲜战争开城停战谈判中的中方新闻处处长沈建图

陆续与新中国建交。

不久，纳赛尔成为埃及总统，实现了埃及在非洲首先与新中国建交，接着摩洛哥、阿尔及利亚、苏丹、几内亚等国相继与新中国建交；在亚洲，叙利亚、阿拉伯也门、斯里兰卡、柬埔寨等国，也先后与新中国建交。万隆会议期间，周总理发表了简短而重要的声明："中国人不要同美国打仗。中国政府愿意同美国政府坐下来谈判，讨论缓和远东紧张局势的问题，特别是台湾地区紧张局势的问题。"几天后，美国总统艾森豪威尔作了积极回应，也声明"如确有机会，我准备谈判"。万隆会议结束不久，第一轮中美大使级会谈于同年8月1日在瑞士日内瓦举行，开始了中美改善关系的马拉松对话。

周恩来总理出席亚非会议是新中国迈步走向世界舞台的伟大外交成就。当时我国没有远程专机，租用了印度国航的"克什米尔公主号"飞机（图7）。"克什米尔公主号"空难使乘坐这架座机的一批外贸、外交及新闻战线的开国精英人物成为共和国烈士（图8），还有数名外国记者同机遇难。

烈士中的沈建图、黄作梅两人曾是新华社开创时期的重要骨干。沈建图（图9）是1938年赴延安参加革命的新加坡归侨，抗战后期参与创建新华社英文广播部。抗美援朝期间曾在朝鲜开城任志愿军停战谈判代表团新闻处处长，1954年开始担任新华社党组成员、编委会委员兼对外新闻编辑部第一任主任。黄作梅（图10）是1941年6月在香港加入中国共产党的，在斗争中成为抗日游击队东江纵队的要员。1947年2月，因战时与盟军合作对日作战的贡献，黄作梅受英王乔治六世的邀请，到伦敦参加庆祝二战胜利大游行，并被授予勋章。1947年6月，黄作梅出任新华社伦敦分社社长。新中国成立后，黄作梅出任新华社香港分社社长、中共香港工委负责人和中共香港工作小组组长。牺牲时，沈建图与黄作梅同是40岁，风华正茂。

上世纪80年代，笔者在香港接触"克什米尔公主号"空难有关档案时，发现当年"克什米尔公主号"登机名单末尾，还有"冀朝铸"的名

图10.新中国成立初期的黄作梅

图11.冀朝铸在朝鲜战场荣立三等功，回国之后，胸前挂着奖章与家人合影。前排为其父母，其父身后为大哥冀朝鼎

图12.1970年10月1日，在天安门城楼上，冀朝铸为毛泽东与斯诺当翻译

图13.国民党军统特务头子谷正文在台湾退休时的戎装照。此人经手最有名的案子就是"克什米尔公主号"飞机爆炸案

字。为此，我在第一次访问冀朝铸时就问及其为何能幸免于难，使当时在座的朋友愕然。冀老说，新中国成立初期，他这个哈佛大学化学系学生满怀热情回祖国为新中国效力，抗美援朝时被选入外交部，先是被派往朝鲜开城担任中方谈判代表团的英文速记兼打字员，因速度特快，表现特优，在团里评上三等功（图11），团里人称他为"中华人民共和国首席打字员、速记员"。筹备万隆会议时，他被定为见习英语翻译，因他说不好汉语，才被派往万隆会议做见习，同时苦学汉语。那个见习时期，用他的话说，他是"试着给尼赫鲁总理的随从人员包括仆人和警卫当翻译"。此行，他也被安排乘坐"克什米尔公主号"专机从香港飞赴印尼，不料登机前突染肠胃恶疾而腹泻不止，只好改乘轮船去印尼。真是大难不死，必有后福。这个因病捡回一条命的见习翻译，多年后成为毛泽东、周恩来、邓小平等领导人身边的首席翻译（图12），在上世纪七八十年代极为活跃，后升任驻外大使，曾驻节英国，后来他还成为联合国副秘书长，是新中国成立后成长起来的著名外交家。

2007年年初，指挥暗害黑幕的蒋台保密局大特务谷正文死了（图13）。谷某在退休前曾爆料，往"克什米尔公主号"机舱放置伪装成袖珍牙膏炸弹的是启德机场勤杂清洁工周驹（周梓铭），被蒋方特工用60万港币高价收买，承诺事成后安排去台湾躲藏。空难发生后，周仓皇钻进陈纳德民用航空公司一架班机的起落架，偷渡逃往台北；后来在蒋介石当局保护下改名换姓，匿居在台湾一个不起眼的小镇上，不知现今是否还苟活着。

戴高乐引爆外交"核弹"

——中法建交产生了极其深远的影响

图1.1964年1月31日,戴高乐在爱丽舍宫举行法中建交的新闻发布会。面对盛况空前的场面,他自信地微笑着
　　向记者们挥手致意
图2.戴高乐在新闻发布会上作关于法中建交及对中国认识的重要讲话

　　1964年1月27日格林尼治时间11时,北京与巴黎两地同时发表了一个仅有两句话的《联合公报》:"中华人民共和国政府和法兰西共和国政府一致决定建立外交关系。两国政府商定在三个月内任命大使。"

　　大家注意到,这个震撼世界的重要公报短得不能再短了,甚至也未提到两

图3.美联社记者谈到美国政府对法中建交的强烈反应并就此提问时，戴高乐严肃地凝视着对方并认真倾听
图4.1957年，毛泽东亲切会见法国前总理埃德加·富尔和夫人，富尔是戴高乐派的重要人物

国间相互"承认"之词。与此同时，中国外交部也对外单独发表了一个声明，根据两国达成的协议，对公报宣布两国决定建立外交关系做了数百字的具体阐述。各国政府和世界各传媒都十分关心巴黎官方的说明，三天过去了，法国政府无解释，无评论，未表达单方的立场。

在那两三天里，世界各大报纸都在沸沸扬扬地议论，正如一家欧洲报纸说的，在冷战时代，法中建交无异于爆炸了一颗"外交核弹"。美国报纸则惊呼，法国在以美国为首的西方反共阵营"打开了一个缺口"，西方经营已久的对中共的铁幕防线"将因此而发生崩溃"。华盛顿政府官员在谈话中强烈表现出"美国的反对和不满"。法国的《巴黎新闻》提到美国对法中建交的反应是"狂怒的（Les Américains sont furieux）"。但是，美国也传出赞同之音，著名的时政评论家李普曼（Walter Lippmann）则说，这是一项西方国家有一天将会赞同的"成就"。

法国政府的沉默更引发了外界的广泛关注。三天之后，1月31日，戴高乐总统在总统府爱丽舍宫亲自为此举行新闻发布会。原来，中法两国代表最后磋

图5.1963年秋，法国前总理埃德加·富尔作为戴高乐总统密使为法中建交谈判而再次访华。10月间，毛泽东在
上海再次会见富尔夫妇

商公布联合公报的时间细节时，中方提出在北京时间1时30分或2时30分，即格林尼治时间17时30分或18时30分，双方同时发表联合公报。法方按戴高乐指示提议，法国销量和影响最大的《世界报》每日下午3时出报，希望宣布建交消息在当天见报，因而提出在巴黎时间12时，即格林尼治时间11时，发表建交公报，望中方谅解。中方当即同意。建交公报临公布前夕，法方又告知中方，戴高乐总统将于公报发布的第四天即1月31日举行新闻发布会，就他对法中建交的看法、法中关系和法中建交的世界意义等，发表重要谈话。

戴高乐是一位极为老练的政治家，不仅体现在上述两个时间的精心选择上，也体现在他举行新闻发布会的方式上。戴高乐举行新闻发布会不像众多领袖或政要，发表一段讲话之后，再一个个先后回答记者的提问。戴高乐讲开场白之后，让记者们先发言，请他们提出特别感兴趣的问题，他再将这些问题归纳起来进行回答。联合公报发布后的三天中，戴高乐和法中建交连续成了全世界大大小小传媒的震撼性新闻，反应极为强烈。因此，总统的新闻发布会人头攒动。戴高乐在爱丽舍宫每年举办一两次总统新闻发布会，此前人数最多时为

图6.1969年，尼克松就任总统不久即访问巴黎，向戴高乐请教对华政策。图为戴高乐会见尼克松

图7.1969年，尼克松访法之后，戴高乐亲信马纳克大使替尼克松传话。图为周恩来深夜会见马纳克

图8.1970年，戴高乐去世，按其遗愿，安葬在乡村老家公墓中其早逝的智障爱女墓旁。图中人们所抬的这位
　　法兰西第五共和国首任总统的棺材，是乡下木工做的普通棺材，当时仅值350法郎

图9.毛泽东给戴高乐赠送的吊唁花圈。这是毛泽东一生仅有的对西方政治家辞世表达的哀悼与敬意，获得法
　　国各界高度评价

800多人，此次世界各国记者蜂拥而来，出席者高达千余人，使该会议大厅达到了最高容量，被路透社称为"二战胜利后在巴黎、甚至欧洲和西方世界引发罕见轰动的新闻发布会"。

从本文主题照片（图1）可见，侍卫官掀开正面的大帷幕，戴高乐出现在新闻发布会讲台前，他微笑挥手，可见其踌躇满志、充满自信。站立在他右侧的总统府年轻新闻官，脸上露出目睹空前热烈场面的惊喜的笑容。这个新闻发布会在爱丽舍宫底层会议大厅举行。爱丽舍宫一年对公众开放一两次，笔者后来有机会到此实地寻访。会议厅十分宽敞，厅内大理石圆柱有白色的，也有蓝色的，地面则是红花图案的石质地板，还有红色大帷幕，这正是构成法国国旗的红、白、蓝三色。垂地的大帷幕将大厅隔成数间厅室，会议规模大时将大帷幕移走就更显宽敞，怪不得当年戴高乐的新闻发布会能容纳千人之多。在主题照片中，我们可以看到右侧富丽的水晶吊灯和精致的壁画。笔者依照该照片拍摄角度看去，真可以想象出大帷幕一拉开，当年戴高乐微笑出现的情景。

戴高乐在这次讲话中强调："中国是一个伟大的国家，是地球上人口最多的国家。几千年来，他们这个民族以个人的耐心、辛劳和勤恳的能力，勉勉强强弥补了他们的集体在方法上和团结上的缺陷，建立了非常独特、非常深奥的文明。"他讲到了为什么法中要建交。他还针对美国暗示地说："法国认为，目前还在等待的某些政府，迟早会觉得应该仿效法国。"

这次新闻发布会开过不久的同一年，戴高乐在会见准备竞选总统的尼克松时，反复解释了法国与中国建交的理由。他对尼克松说："我无意干预美国的政策，但我认为，美国应当考虑承认中国。"他还说："中国还不强大，现在就承认中国比等到中国强大起来你们被迫承认它要好。"尼克松是著名的右派人物，反共不遗余力。戴高乐所言所为，促使尼克松开始反复思考美国对华政策的得与失。受此影响，上世纪60年代中后期，尼克松开始改变美国僵硬的对华政策，坚定了自己改善美中关系的信念。1968年底，尼克松当选美国总统，上任不久就出访法国，向戴高乐总统请教对华政策问题。尼克松表示，无论困难多么大，他都要同中国进行"对话"。戴高乐表示赞同，而且重复了一句1964年两人见面时说的妙语："你现在承认中国要比将来中国强大起来而被迫承认它更好一些。"尼克松表示，美国要改变对华政策，尽一切可能同中国接触，并打算从越南逐步撤军。当时，戴高乐正要派其亲信马纳克大使去北京赴任，便让马纳克将尼克松的话转告给中国领导人。马纳克大使到北京后，很快就将美国的信息告诉周恩来。1972年2月尼克松首次访华时，就对周恩来说起，戴高乐与他的谈话对美国政府改变对华政策起了很大作用。

戴高乐生前十分向往中国，晚年准备访问中国，计划在其回忆录最后一章写"与毛泽东的会见"，但他心愿未遂，于1970年11月9日突然辞世。中国政府决定以高规格吊唁他的去世，在天安门、新华门和外交部下半旗以示哀悼。毛泽东和周恩来为戴高乐葬礼送去两个大花圈，毛泽东在唁电中说："谨对他，反对法西斯侵略和维护法兰西民族独立的不屈战士，表示诚挚的悼念和敬意。"巴黎各大报均以显著版面和醒目标题全文转载毛泽东唁电，并认为这是中国"对于西方世界政治家给予的史无前例的荣誉"。

本文主题照片及所有涉及戴高乐将军的照片，均为戴高乐基金会提供，借此谨表感谢。

毛主席、周总理也没有想到的胜利

——纽约：1971年10月25日晚11时20分……

图1.纽约时间1971年10月25日晚11时20分，联合国会议大厅"关于恢复中华人民共和国合法席位"投票结果揭晓。电子计票显示屏上：76票赞成、35票反对、17票弃权

图2.投票结果揭晓时，许多非洲国家代表的欢乐情景

联合国大厦的蓝色会议大厅里，巨大的电子计票显示屏上，表示赞成的蓝灯频频闪亮，表示反对的红灯间或闪亮，表示弃权的黄灯偶尔闪亮。整个大厅里的人都聚精会神、高度紧张地注视着。

纽约时间1971年10月25日晚11时20分，新中国历史上一个伟大的时刻终于到来了！数字终于跳停锁定。投票结果揭晓：（蓝灯）76票赞成、（红灯）35票反对、（黄灯）17票弃权！上述合计128票（当时会员国有131个，有马尔代夫、阿曼、"中华民国"投票缺席）。第26届联合国大会第1976次全体会议上，正在对阿尔巴尼亚、阿尔及利亚等23国的联合提案进行表决。主题照片图1，记录了这个伟大的瞬间。

从1949年中华人民共和国成立开始，关于中国在联合国席位的争论，历时22年，终于在第26届联大结束了。消息传到北京，周恩来在一个外交场合说："美国政府出乎意料，我们中华人民共和国政府也出乎意料，到底组织什么样的代表团，我们还没有想好。"毛泽东看到新华社送来的急讯，也高兴地说，这年能进联合国也大出他的意料，"是非洲黑人兄弟将我们抬进去的"，主席立马决策派"乔老爷率团"出席联合国大会，"不去就脱离群众了"。

当时在现场还没有新中国记者或来自新中国的人士，图1这张照片是日本共同社驻联合国记者拍摄的。照片的主体主要是两部分：图左侧联大大理石主席台，坐着主持大会的马利克主席等三人，图右侧就是电子计票显示屏。

此时，第26届联大主席印尼人马利克高举槌子有力地一敲，高声宣读了表决结果：大会以压倒多数通过了题为"恢复中华人民共和国在联合国一切合法权利和立即把国民党集团的代表从联合国及一切机构中驱逐出去"的提案。这就是历史上有名的联合国第2758号决议。支持中国的代表们全部起立，高举双手用各国语言欢呼："我们胜利了！"

"中国万岁！"马利克主席并宣布说："我将把表决结果立即通知中华人民共和国！"又是一阵波涛般的掌声和欢呼声。大厅金黄色的圆顶下顿时成了欢乐的海洋，会场更加沸腾了！有人大声欢笑，有人痛快地喊叫，相互拥抱，有人高兴得击掌祝贺或者直拍桌子；只有美日等少数国家代表有的交头接耳，有的故作镇静，但也难掩沮丧；雷鸣般的掌声和欢呼声从大厅四面八方响起来，汇聚在一起，经久不息。尤其是非洲国家代表们，乐得在过道上载歌载舞。坦桑尼亚的萨利姆早就预料到这场胜利，与黑人兄弟们尽兴地唱着跳着。

图2a.坦桑尼亚代表团团长萨利姆

图2b.阿尔及利亚代表团团长布特弗利卡

图3.联合国大厅里中国的席位空了

图4.美国代表团团长布什表情尴尬地面对现实

图5.联合国第三任秘书长吴丹

图6.1954年周恩来访问缅甸时,吴丹(右二)陪同吴努接待客人

图7.联合国广场上升起的五星红旗

图8.马利克先生。摄于1967年

图9.1963年,刘少奇访问印尼时,苏加诺总统介绍女儿梅加瓦蒂给刘少奇认识,正中担任翻译的是
　　司徒梅生。安塔拉通讯社照片

有的非洲代表将桌面当做鼓面，敲击出欢乐的非洲鼓点。

图2表现了非洲多国代表们的欢乐情景，该照片是非洲朋友拍摄的。照片中，我们可以清楚地辨认出这次联大会议非洲使团中的两位灵魂人物，一个是萨利姆（图2a），另一个是布特弗利卡（图2b）。萨利姆·艾哈迈德·萨利姆，出使联合国常任代表之前担任坦桑尼亚驻中国大使，曾在天安门城楼上向毛主席递交国书；1971年时他仅29岁，虽然很年轻，但凝聚力、思辨力极强，被西方记者称为该届联大之"亲北京集团的核心人物"；后来他出任坦桑尼亚总理、非洲统一组织秘书长。布特弗利卡全名为阿卜杜勒—阿齐兹·布特弗利卡，担任阿尔及利亚外交部长多年，多次访问中国，见过毛泽东、周恩来；他头脑清晰，思维活跃，说服与协调能力很强；布特弗利卡曾担任非洲统一组织非洲解放委员会主席、不结盟国家部长会议主席、第29届联合国大会主席、非洲统一组织执行主席和阿拉伯国家联盟轮值主席等职，现任阿尔及利亚总统。他是主张接纳新中国驱逐国民党席位的23国联合提案的领军人物。

由于这年7月15日美国总统尼克松"突然"宣布将访问北京，蒋介石据此判断，将遭美国"抛弃"，于是，就为在第26届联大出现最糟糕的情况给其代表团作了决策：坚决退出，不与"毛共"在联合国坐在一条板凳上。老蒋在第26届联大召开前夕，委任周书楷任"外交部长"并率领一支庞大代表团出席联大会议。周书楷与整个代表团一起在纽约使尽浑身解数，也未能挽回局面。电子显示屏结果出来之前，在"中国"席位上的周书楷与其两位助手脸色阴沉、极为紧张地盯着电子显示屏。当"中华民国"留在联合国的大势已去时，他们遵照老蒋指示，退出了联大会议大厅。从图3可见，标着"CHINA"的席位空了。向来以右倾保守著称的尼克松要与毛泽东拉关系，而自相矛盾的双重性格产生了自相矛盾的对华政策，既要准备兴师动众访问中国，同时又极力阻挠，恢复中国在联合国的合法权利，精心炮制了一个既接纳新中国又保存蒋政权的所谓"双重代表权"提案，在第26届联大抛出来。当时，受尼克松重用而出任美国驻联合国常任首席代表的乔治·布什，成为美国在第26届联大阻挠新中国

恢复合法权利的主将，他就是我们常
说的老布什。图4为电子显示屏表决
结果出来之后，新中国重返联合国已
成定局，在美国席位上，西装笔挺的
老布什嘴咬着笔杆、神情尴尬地望着
眼前的狂欢场面。老布什时年47岁，
此段失败经历促使其后来特别选择出
使中国，担任驻华联络处主任，发展
成了中国人民的老朋友。用他的话
说："不打不相识。"

西方记者评说，时任联合国第三
任秘书长的缅甸人吴丹（图5）对推
动接纳新中国起了重要作用。吴丹在
50年代初曾经跟随吴努总理见过毛泽
东、周恩来，连任了两届联合国秘书
长，1971年是他在任的最后一年。在
第26届联大开始正式辩论中国代表权
问题前夕，他亲自批准将中华人民共
和国政府"8月20日声明"作为联合
国大会文件，使该声明得以用英语、
法语、俄语、西班牙语四种工作语言
的文字印发，使广大会员国能够详细
了解中国关于恢复联合国代表权的立
场和问题真相。在新中国恢复代表权
之后，吴丹立即决定派人去纽约旗店
定制五星红旗，乔冠华率代表团于11

图10.晚年的司徒梅生
图11.2005年4月22日，王刚、李肇星与司徒梅生在
　　　万隆独立大厦前合影

月8日到达之前，吴丹就指令于11月1日正式升起五星红旗（图7），图右边为智利国旗。

毛主席说过："我们在联合国打了一个大胜仗，这个胜利主要是我们的外国朋友帮我们打的。"周总理有一次谈到这次胜利时说，不要忘记一锤定音的马利克先生。担任第26届联大主席的亚当·马利克（图8），当时是印度尼西亚外长，其时中国与印尼之间尚未恢复外交关系，印尼苏哈托政权以反华反共著称，西方舆论由此认为马利克担任此届联大主席最合适。但是，马利克是印尼独立运动参与者，是印尼国家通讯社安塔拉社创始人，早在1955年万隆会议时任印尼政府的礼宾司长，多次与周总理接触，对周总理十分仰慕。马利克知道，苏哈托总统不支持恢复中国在联合国合法席位的议案，但不公开反对；自己作为此届联大主席，准备采取有别于政府的立场，想在此事上做出贡献。时年9月，马利克赴纽约前途经香港，特意托私人顾问秘密赴京征求周总理意见，马利克本人住在香港文华酒店，等候回音。周总理闻讯立即派罗青长安排专机，把这个密使从广州接到北京。马利克的私人顾问是曾任苏加诺总统汉语翻译的司徒梅生（图10），与罗青长早就相熟，他当时已在澳门定居。罗青长代表周总理与他密谈，表示感谢马利克先生的一片好意，委托对方将中国政府关于恢复联合国席位之"8月20日声明"英文稿带给马利克，供他参考，希望在可能的情况下，给予帮助，但也不必勉为其难。

2005年4月下旬，亚非会议50周年纪念活动在印尼万隆举行，王刚同志与李肇星外长见到了司徒梅生先生，感谢他为新中国所做的贡献，并合影留念（图11）。

"红色中国人来了，使所有好莱坞明星都黯然失色"

——乔冠华率中华人民共和国代表团在联合国"亮相"

图1.1971年11月15日，乔冠华代表中华人民共和国在联合国大会上发表讲话
图2.中国代表团团长乔冠华、副团长黄华与秘书长符浩在联合国大会的中国席位上

联合国会徽下那个长方形的讲坛，是世界最有名的讲坛。全世界多少国家首脑、政治家都将能在这个讲坛上演说，视作其本人及所代表的国家、人民无上的自豪与荣耀。

1971年11月15日晚6时40分，乔冠华身穿庄重的黑灰色中山装，在欢呼声

与掌声中走向这个讲坛。他站定后，向身后花岗岩主席台上的马利克主席轻轻致意，然后目光扫视会场，一再地举起右手向鼓掌和欢呼达半分钟之久的各国代表表示谢意。会场静下来了，有记者形容"简直连针掉落地上都可以听得见"。他那带江苏口音的中国话刚一脱口，就又赢得了一阵热烈的掌声。这表明中国的国际地位、作用和影响是举足轻重的，表明中国的朋友遍天下。他会说英语、德语和日语，却在国际讲坛上用中国话发言。过去"中华民国"曾有代表在这个讲坛上发言，都是使用英语。乔冠华使用中国话作发言之后不久，联合国就通过了汉语与英语、法语、西班牙语、俄语一起作为联合国的正式语言。

本文两张主题彩色照片（图1、图2，另见彩插），是笔者在海外寻获的珍贵照片，在国内首次发表于《摄影世界》杂志2009年第12期上。

图3.11月12日，乔冠华率中国代表团抵达纽约机场
图4.乔冠华就座中国代表席位时，记者纷纷靠近抢拍
图5.乔冠华、黄华就座之后，开怀大笑
图6.乔冠华在联大发表讲话时的近景

图7.乔冠华、黄华去医院看望联合国秘
　　书长吴丹，并递交全权证书
图8.乔冠华在罗斯福酒店举行宴会，答
　　谢驱蒋接纳新中国的23个联合提案
　　国的朋友们

国内常用的关于第26届联大数量不多的照片皆是黑白的。

　　这年11月8日，新华社记者高梁率领先遣组，12日乔冠华率中国代表团先后抵达纽约（图3），《中国人来了》等标题成了各家媒体的头号新闻。超级影星格里高利·派克说："红色中国人来了，使所有好莱坞明星都黯然失色。"中国人的一举一动，甚至吃的、穿的、住的、怎么说话等等，皆被报道得很详细。中国代表团进入大厅，就座，在座位上说笑等等，皆成了记者们抢拍的镜头（图4、图5）。乔冠华在联大发表讲话时（图6），联合国大厅更是爆满，座无虚席，进不了大厅的旁听席、记者席，人们就挤在厅外的走廊里。

　　乔冠华的讲话，全面阐述了中国政府在处理国际关系问题上的原则立场：
"我们一贯主张，国家不论大小，一律平等，和平共处五项原则应该是国与国之间的关系准则。各国人民有权按照自己的意愿，选择本国的社会制度，有权

图9.乔冠华举行电影招待会，招待美国各界友人
图10.在联合国走廊里，乔冠华与布什"巧遇"握手

维护本国独立、主权和领土完整，任何国家都无权对另一个国家进行侵略、颠覆、控制、干涉和欺负。我们反对大国优越于小国，小国依附于大国的帝国主义和殖民主义的理论。我们反对大国欺侮小国、强国欺侮弱国的强权政治和霸权主义。我们主张，任何一个国家的事，要由这个国家的人民自己来管；全世界的事，要由世界各国来管；联合国的事，要由参加联合国的所有国家共同来管，不允许超级大国操纵和垄断。超级大国就是要超人一等，骑在别人头上称霸。中国现在不做、将来也永远不做侵略、颠覆、控制、干涉和欺负别人的超级大国。"

由于新中国是发展中的大国，是安理会五大常任理事国之一，拥有否决权，因而当乔冠华代表中国政府和中国人民发表立场鲜明的讲话时，众多国家的代表无不感到欢欣鼓舞，有的非洲国家代表、拉丁美洲国家代表抑制不住兴奋之情，激动得从座位上跳起来。

当乔冠华庄严地说这一段话的时候，整个会场所有人的眼睛都注视着他。除了一两个超级大国代表心情十分复杂之外，其余国家，特别是中小国家的代表，据次日报刊描绘，都"兴奋至极、高兴至极、鼓舞至极"！他们还从来没有听过一个大国如此旗帜鲜明、如此精辟透彻、如此大义凛然地表明对国际关系的原则立场。广大国家代表的心灵被讲坛上这个中国人的声音震撼了！当乔冠华宣布了三个"来管"时,大厅里发出的掌声一次比一次热烈。当乔冠华声明不允许超级大国称霸、中国永远不做超级大国的时候,大厅里的掌声更加热烈持久⋯⋯

乔冠华全部讲话只有40分钟。在他以"谢谢大家"结束这次讲话的话音刚落,会场随即爆发了经久不息的掌声。在掌声中,许多代表潮水般地涌到中国代表团席前,与乔团长亲切握手祝贺。座席间的过道太窄,大家转到走廊里,几十个国家的代表鱼贯地排着队,纷纷向乔团长握手祝贺。这天上午,乔冠华、黄华到医院看望了病中的联合国秘书长吴丹,递交了全权证书(图7)。

乔冠华的讲话是新中国第一次在联合国讲坛上表明自己的立场,立即在全世界产生了巨大反响。美国三大电视网在报道中评述,中国代表团一进入联合国,首次发言就爆炸了一颗威力巨大的重型炸弹。法新社在报道中说,东方巨人一登上联合国舞台,就高举起独立自主的外交政策大旗,申明自己站在第三世界一边。埃及《金字塔报》评论说:新中国在联合国"亮相"的讲话,使第三世界的中小国家感到扬眉吐气,联合国有希望了,超级大国不能再为所欲为了。

11月23日,在成员国代表们围着一张巨大圆桌而坐的安理会大厅,当中国常驻联合国首任代表黄华第一次出席安理会会议的时候,出现了同样的热烈欢迎场面。15个成员国组成的安理会,各成员国代表相继致辞表示欢迎,并热切地希望中国作为安理会常任理事国,更加积极地发挥在维护世界和平与安全方面的作用。黄华在发言中指出,中国将同一切爱好和平、主持正义的国家和人民一道,为维护各国的民族独立和国家主权,为维护国际和平、促进人类进步事业而共同努力。乔冠华设宴专门答谢了驱蒋接纳新中国的23个联合提案国的代表(图8),还为美国友人们举办了电影招待会(图9)。

被称为联合国史上"最耐人寻味的佳话"的,是中美两国团长乔冠华与老布什的"会见与握手"。中美尚无外交关系,布什代表美国在此次联大会

图11.乔冠华率中国代表团返抵北京，周恩来与数千群众到机场迎接

图12.中国首任常驻联合国代表黄华

图13.中国成为联合国五大常任理事国之一，黄华在安理会上代表中国发言

图14.黄华与布什等几位常驻联合国代表合影留念

议上竭尽全力反对旨在驱蒋接纳新中国的23国联合提案而惨遭失败；这样，布什就遇到了一个不大不小的难题：怎么处理与中共代表团的关系？随着中国代表团的到来，布什在感受了痛苦、尴尬与愤懑之后，渐渐冷静下来，接受中国共产党人的到来。布什后来在自传中这样写道："我理解总统和基辛格的追求，撇开我对台湾被逐问题上的私人情感，让中华人民共和国加入联合国并开始与之进行外交接触，很明显这是基于长期利益的明智之举。"于是，布什对于自己与乔冠华团长间的接触与见面，做了切实的准备。乔冠华首次进入会议大厅的路线，是联合国礼宾司精心安排的。11月14日，礼宾司科尔莱司长事前与乔冠华讨论时，装着若无其事"淡然"地说："明天的大会将会很热闹的，乔团长会见到许多国家的团长或者大使，美国首席代表布什先生也想明日与乔团长见一面。"至于乔冠华与布什怎么见面，他没有再谈，释然一笑转了话题。次日大会开始前，乔冠华的座车穿过极其繁忙、拥挤的广场，科尔莱司长早在迎候，记者们发现座车前飘着五星红旗，就潮水般涌来，警卫们早有防备，排成人墙阻拦住了。科尔莱陪同乔冠华一行人迅速进入大门，很快就到了著名的"联合国走廊"，布什"正好"在走廊旁一张桌子旁打电话，刚放下话筒，科尔莱一个手势，布什微笑着向乔冠华站起身来。

两张亲切微笑着的脸相互注视，握手，这是中国与美国两个代表团团长在联合国的首次握手。布什主动自我介绍："您好。团长先生。我是美国常驻联合国代表乔治·布什。"乔冠华也用英语招呼说："您好。大使先生。"布什与乔冠华的见面握手（图10），被在附近的几个美国记者抢拍了下来，成为一个饶有深意的历史镜头。这一经过精心安排的会见，很快就在联合国大会内外传为佳话，平时很少受到记者青睐的这位土耳其籍的科尔莱先生，一时名声大噪，成为新闻人物。中国代表团回国之后（图11），黄华作为中国首任常驻联合国代表留在纽约，出席联合国安理会及其他相关活动（图12—图14）。

"你把手伸过了世界上最辽阔的海洋"

——尼克松与周恩来首次握手

图1.1972年2月21日中午，刚下飞机的尼克松与周恩来首次握手。尼克松倾听周恩来的欢迎辞

图2.中方记者所拍的尼克松向周恩来伸过手来

　　这两张主题照片（图1、图2），拍的是尼克松总统与周恩来总理的首次握手。图1那张是尼克松总统故居图书馆提供的，发表在笔者撰写、于2007年1月出版的《新中国外交年轮丛书》之《解冻在1972：中美建交纪实（上）》一书中，在中国是第一次披露。图2这张，是新华社记者于1972年2月尼克松访华时拍摄的新闻照片，是表现中美关系发展的经典照片之一，早已为大家所熟悉。

新中国成立以来，"握手问题"已经成为处于敌对状况的两国间的外交问题。众所周知，在1954年日内瓦国际会议上，美国国务卿杜勒斯拒绝与周恩来握手，并下令禁止美国外交官与中国外事人员握手。西方外交界及美国内部皆认为此举令美国"大失风范和礼仪"。因此，尼克松在"破冰之旅"计划中特别重视自己抵达北京后在机场与中国领导人的首次握手。尼克松特别明白电视的神奇作用，因此对总统座机"空军一号"抵达北京首都机场后的实况转播作了精心部署，特意安排降落的时间为1972年2月21日北京时间上午11时30分，即美国东部标准时间2月20日星期日晚上10时30分，是电视观众最多的黄金时段。笔者根据相关美国档案对尼克松走下舷梯的特别安排的记载，在《解冻在1972：中美建交纪实》一书中作了如下记述："为了到达北京这一历史性的时刻，尼克松和白宫办公厅主任霍尔德曼早已决定，当电视摄像机拍摄尼克松走下舷梯第一次和周恩来见面与握手时，为了突出这个镜头的重要性，镜头里应该只有总统一

图3.尼克松咬着笔杆苦思访华前景之一
图4.尼克松与基辛格、罗杰斯及霍尔德曼四人在机上会商
图5.尼克松与基辛格两人在机舱密商
图6.抵达北京之前，尼克松对下属训话
图7.尼克松咬着笔杆苦思访华前景之二
图8.周恩来自信自如地倾听尼克松情绪化的阐述

个人。他要纠正1954年杜勒斯拒绝同周恩来握手的失礼行为，而且此时不能有其他美国人在电视镜头中出现以免分散观众的注意力。就连罗杰斯（国务卿）和基辛格（总统国家安全事务特别助理）这样的人物，也被告诫要留在飞机上，直到总统与周恩来握手结束才能下飞机。"

为了防止有人意外冲出机舱，还特别派遣了身材高大强壮的副官，待总统与夫人一走出机舱就以身子挡住飞机的出口通道。因此，从实况转播可见：长长的舷梯上只有尼克松和夫人两人迈步走下来，仿佛偌大的波音707专机只载着总统夫妇俩。离地面还有三四级舷梯的时候，尼克松已经微笑着伸出手，周恩来的手也伸了出来。两人紧紧地握着手，轻轻地摇晃着，足足有一分多钟。

中方黑白主题照片（图2，另见彩插）拍摄的是握手之前那一瞬间，尼克松因急切伸手而身子稍有前倾，右手五指都近乎伸直了，周恩来则按正常礼仪伸出手来。这张照片是从十多张连续拍摄的同一镜头照片中选出来的。上世纪80年代，笔者在新华社摄影部看过这些照片。

再来细看图1（另见彩插），是总统随从走出舱门之后从高处俯拍的，它捕捉的瞬间极为精彩：尼、周二人紧握着手的时刻，周恩来作为主人说了一些欢迎的话，站在总理身后的翻译冀朝铸，上身微微前倾将此话翻译成英语。当时刮的寒风风声不小，又隔着周恩来右肩膀，于是尼克松面带笑容稍向左侧脸，以听清楚冀朝铸的口译。该照片画面中在周、冀的身后还有两个人：左边的是外交部礼宾司司长韩叙，职业习惯使他认真地听着、看着；右边的叶剑英则面露微笑地望着，早在延安时代他就接待过美军观察组，28年后又迎来了美国总统。周恩来说了一句什么话，使尼克松侧耳听得有点儿笑不拢嘴。上世纪80年代笔者问过冀朝铸，老冀告诉我，周恩来当时那句话的内容是："总统先生，你把手伸过了世界上最辽阔的海洋来和我握手。25年没有交往了！"

本文中的另外一些照片（图3—图7），也是尼克松总统故居图书馆提供的，皆是"空军一号"飞往北京途中总统班子的内部照片，并非新闻记者所拍，因而很真实。尼克松给部属训话的表情是很严厉的，其中应该也包括不准干扰握手画面的训令。

笔者能得到尼克松总统故居图书馆的照片与档案，其历史可追溯到20多年前。1988年秋，笔者的外交题材处女作《毛泽东、尼克松在1972》初版面市，不仅受到普通读者喜欢，也得到当时中美两国高层领导的青睐。当时，尼克松尚健在，看了之后提了两条意见和一点希望。意见一，他与毛的篇幅应对等，如再版应为其增加；其二，在庆祝《上海公报》发表的宴会上，他没有喝醉，如再版应改过来。尼克松希望作者今后将该书的不同版本都赠给尼克松总统故居图书馆收藏。不久，国家领导人王震找我听汇报，称赞说该书"以我为主"是对的，写书不是外交谈判，不必对等。我说写尼喝醉不是我杜撰的，而是有诸多外国记者报道及《基辛格回忆录》作证的，因而此后一直未将喝醉事做改动。我可以理解尼克松作为美国总统，不愿在作品中看到对其醉酒的记述，其实，《上海公报》发表标志着他的"破冰之旅"获得成功，兴奋之中多喝了一点也是人之常情。尼克松去世后，我仍按承诺，该书每有新版皆赠给洛杉矶尼克松总统故居图书馆收藏，同时得到该馆提供的有关档案与照片。

"我们共同的老朋友蒋委员长可不高兴了"

——毛泽东与尼克松握手

图1.1972年2月21日中午，毛泽东与尼克松会面并握手
图2.1976年2月23日中午，毛泽东与尼克松又见面了，两双手紧紧相握

1972年2月21日中午，毛泽东与尼克松会见，结束了中美两国相互敌对的局面，结束了冷战，改变了历史，因而用照片记录这两位巨人的握手，其重大意义毋庸置疑。当时在海外，彩照已经常见，而在国内，因条件所限，拍摄的

有关这次伟大会见的照片（图1，另见彩插），只能是黑白的。在当时特定的环境下，外国记者及摄影师是不能涉足毛主席住地的。1976年年初，尼克松再次来华访问会见毛主席，留下的照片才是彩色的（图2，另见彩插）。因此，我写书时，以及与美国方面交往中，美方人士很羡慕新华社独家拥有毛泽东与尼克松仅有的两次见面握手的照片。现在位于洛杉矶的尼克松总统故居图书馆客厅的正墙上，就悬挂着放大的这张1976年毛泽东与尼克松握手的彩照。

毛泽东与尼克松1972年握手的黑白照片，是中美两国关系史上具有历史意义的经典之作，在海内外广泛流传。但是，关于这张照片所涉及的内幕秘情，却鲜为人知。早在1988年我著述的《毛泽东、尼克松在1972》初版问世时，尚不宜披露这些内幕的有关情节与细节。如今时过境迁，到了2007年解放军文艺出版社出版我的新书《解冻在1972：中美建交纪实（上）》时，才得以将其详细揭秘，以使历史得到更全面的再现。

那年2月21日中午，尼克松总统

图3.1972年2月21日中午，毛泽东与尼克松会谈
图4.1976年2月23日中午，毛泽东与尼克松再次见面，老朋友以茶代酒碰杯。杜修贤摄
图5.1975年除夕，毛泽东接见尼克松之女朱莉·尼克松和女婿戴维·艾森豪威尔（前总统艾森豪威尔之子）。杜修贤摄

乘机飞越太平洋抵达北京首都机场时，还尚未获知此行能否见到毛主席，对此，他颇为茫然，亦心存疑惑。毛主席早在两年前就托记者斯诺捎话给他："我欢迎尼克松来，以总统身份来也行，以旅游者身份来也行。"黑格将军为他此次访华打前站时，不止一次问过中方高官，总统访华能否见到毛主席，皆得不到明确答复。

岂知，周总理将尼克松接到钓鱼台国宾馆18号楼下榻，客人刚刚进房尚未落座，就传来消息：一、立即去见毛主席；二、见面安排15分钟。虽说尼克松觉得15分钟太短促，许多大事要与毛泽东谈啊！但消息突如其来，也颇让尼克松喜出望外。

自古至今，各国均将国家元首或首脑的病情视为最高机密，中国也不例外。

当时，美国人根本不知道，是年初，严寒之中，毛主席身穿睡衣赶去参加陈毅追悼会，但八宝山殡仪馆室内无暖气空调，毛主席年事已高，重感冒引起原有的支气管炎、肺心病等并发症，因而病倒了。毛主席住处派进了医疗组，医疗专家们日夜值班守候，就睡在游泳池上面所搭的长木板通铺上。在尼克松来华前九天，2月12日，毛主席休克了，幸而及时抢救过来，但仍卧病在床。毛主席醒来后仍清醒地牵挂着尼克松要来了。重病中，毛主席仍然做好了会见尼克松的准备。由于身体浮肿穿不了过去的衣裤和鞋子，特地请红都服装店的老师傅量身赶制加宽的衣裤，还置了更大号的新鞋。21日上午毛泽东醒过来，获知尼克松到了，就提出立即要见他。毛泽东在病中，体质还很虚弱，医疗组专家们紧急会商决定见面只能安排15分钟，由周恩来总理在书房现场掌握。医疗组全体专家及护士们都集中动员起来，处于"一级战备"状态，在书房周围准备好急救医护设备，该预热的立即开机，连强心剂都抽到了针管里，以防万一。

尼克松与基辛格很快到了，走进毛主席书房，毛主席在秘书搀扶下站起来欢迎。我根据当时所拍摄的纪录片对此记述如下："他朝尼克松伸出手，尼克松也朝他伸出手。尼克松将左手搭了上去握着，毛主席也将左手搭上去握着。两人都笑了，两双手相叠在一起握了好一会儿，大大超过了正常礼节的握手时间。"这次谈话，由于毛主席谈得很高兴，心情舒畅，气色见好，大大突破了医疗组规定的15分钟，达到1小时5分钟。后来，尼克松和基辛格在各自的回忆录里都写到"周恩来频频看手表"。笔者采访护士长吴旭君及医疗组王大夫了解到，他们在外悄悄观察，开始时为主席身体担心，继而看到主席神色变得愈来愈好，觉得这次会见对促进主席病愈有好处。整个谈话都是以毛主席为中心，他睿智幽默、高屋建瓴地引导着谈话的内容，时而还触发笑声。从图3可见毛主席与尼克松会谈时，神态机敏自如，目光有神，不像是重病之人。只有如我熟悉情况者，才能看出毛主席的脖子透露出他重病中的严重浮肿。半年多之后，毛主席会见日本首相田中角荣时，从照片可见他脖子的浮肿已经消失了。笔者在《解冻在1972：中美建交纪实》一书中这样记述："毛泽东是以惊人的毅力在与疾病作斗争的情况下和尼克松会见的。毛泽东在会见尼克松后，健康日渐恢复，各位医疗专家陆续返回原单位，这一次医疗组的工作就结束了。"于是，毛主席又活了几年。

这次握手时，毛主席还说了一句关于握手的极精彩而耐人寻味的话。毛主席说："对于今天的握手，我们共同的老朋友蒋委员长可不高兴了，可是，总统阁下，我与蒋委员长交朋友的历史要比你与他交朋友的历史要长得多啊！"

整整四年后的1976年2月，毛主席派遣我国新购的波音707专机，飞赴洛杉矶将已卸任的尼克松专程接来中国访问。2月23日中午，毛泽东与尼克松又在中南海书房见面了。从图2彩色照片可见，再次见面时，两人四只手紧紧握在一起。据笔者所知，毛主席晚年多次会见外国领导人，两人双手紧紧相握的情况是极其罕见的，而由两个老朋友以茶代酒碰杯的照片（图4），更足见两人的交情。

尼克松请马尔罗做客白宫长谈毛泽东
——从一张没有戴高乐的戴高乐照片说起

图1.1965年8月3日下午，毛泽东会见戴高乐总统特使、法国国务部长安德烈·马尔罗
图2.被美国中情局禁止回国而寓居瑞士的埃德加·斯诺

　　图1这张主题照，为1965年8月3日下午毛主席会见戴高乐总统特使马尔罗的照片。这张照片视觉中心在中间的法语女翻译沈若芸，她正给毛主席翻译马尔罗特使（右二）刚刚讲述的戴高乐总统向往中国的趣事。毛主席全神贯注且笑盈盈地听着，连旁边的刘少奇、陈毅、最右侧的法国驻华大使吕西

图3.1962年，戴高乐与马尔罗在戴高乐的科隆贝乡间书房
图4.1968年，戴高乐与马尔罗在危地马拉参观马雅艺术馆
图5.中国大革命时期的马尔罗
图6.1936年，西班牙内战时的马尔罗

恩·佩耶也听乐了。这张照片是戴高乐基金会提供的，但经我查核是新华社记者拍摄的。

据法方人士追述，马尔罗向戴高乐将军介绍该照片内容时，戴高乐高兴地说，毛主席是懂幽默的人啊。这张照片是戴高乐生前很喜欢的照片之一，原因是他本人虽不在照片里，但仍是主角，东方中国的领导人都乐于听他的逸事。该照因此被称为"没有戴高乐的戴高乐照"。这张照片在1971年间被基辛格的班子视为毛泽东的重要档案资料而编入一本厚厚的参考资料，那本书也摆在尼克松的办公桌上。与这张照片放在一起的，还有美国中情局从香港搜寻来的毛泽东与斯诺会见的几张照片。

尼克松知道毛泽东与美国记者斯诺（图2）的特殊关系，本来要特别邀请在瑞士寓居的斯诺作为其总统特使去北京"先行探路"；但是，被中情局视为"中共特工"的斯诺被禁止回美国，斯诺蔑视尼克松臭名昭著的反共反华经历，拒绝了其邀请。1972年2月中旬，尽管尼克松总统很快要启程访华了，但他觉得对毛泽东还是了解太少太少。他就从这张照片想起何不特邀马尔罗来白宫见面，请他详谈毛泽东。再说，是戴高乐最早劝他要致力于打开美中关系大门的。

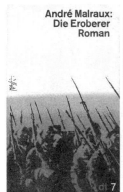
André Malraux:
Die Eroberer
Roman

20 人的境遇
〔法〕马尔罗 著
丁世中 译
外国文学出版社

图7.马尔罗关于中国革命的作品《征服者》德文版
图8.马尔罗关于中国革命的杰作《人的境遇》中文版
图9.马尔罗作品中1925年的广州珠江码头图片
图10.马尔罗作品中1927年的上海街头照片

安德烈·马尔罗是戴高乐的亲信重臣（图3、图4），30年代初，他曾替被德国纳粹诬告为纵火焚烧国会大厦主谋的保加利亚革命领袖季米特洛夫辩护，此外，还担任过世界反法西斯委员会主席。1936年，他参加了支援西班牙共和国的国际纵队，担任外国空军部队总指挥；此时，加拿大人白求恩也在这个纵队服务，抢救伤员。二战期间，马尔罗出任过游击队长、纵队总指挥。法国解放后，他一直与戴高乐将军紧密地站在一起，先后在戴高乐内阁中任文化部长、国务部长。他还是位著名作家，早在中国大革命时期就到过中国，经历过广州起义、上海"四一二"事变等，对国共关系有深切的体验。他的《征服者》（图7）描写了1925年中国著名的省港大罢工，书中塑造了一名非凡的革命者加林。1933年，马尔罗发表小说杰作《人的境遇》（图8），获得了龚古尔文学奖，并被列入"20世纪的经典著作"，小说描写了蒋介石和中国共产党人的冲突，后者不惜牺牲生命、前仆后继地进行着殊死的斗争。其后期名著《反回忆录》中有

图11.马尔罗作品中江西红军长征路途中的珍贵照片。法兰西图片社提供
图12.动身访华前，尼克松在白宫南草坪上对前来送行的人们讲话
图13.1970年10月1日，毛泽东与斯诺在天安门城楼上交谈

不少关于毛泽东、周恩来等中国领导人在上世纪二三十年代革命活动的描写
（图9—图11）。尼克松对此兴趣极浓，觉得很有价值，为此，他在出访中
国前夕，特地请这位年事已高的法国名人到白宫做客。

马尔罗被当做美国总统的贵宾，请到白宫椭圆办公室同总统谈话。马尔
罗年已七十，华发斑斑，但仍思路敏捷，言语精辟。尼克松问："你几年以
前会不会想到毛泽东或者周恩来会同意会见一位美国总统？"马尔罗笑了：

"我早就觉得这种会晤是不可避免的。"尼克松又问："即使有越南战争也不妨碍这种会晤吗?"马尔罗先答："呵,是的,是这样。"又说："中苏之间的友谊曾经是晴空万里,但是分裂也是必然的,这就导致中美和解势在必行,总统阁下要访问中国,在我看来并不奇怪。戴高乐将军本来要在他活着的时候访问北京,会见毛泽东,想不到只成为一种遗愿。戴高乐去世的时候,毛泽东发去唁电,称戴高乐将军是伟人,这在中国人来说,也并不奇怪,因为据我了解,他们并不信仰任何思想体系。"尼克松十分感兴趣地问："中国人高声宣布信仰共产主义。你不认为是这样的吗?"马尔罗哈哈大笑,说:"斯大林认为毛泽东信仰的是'民族共产主义',我看也有一点道理。其实,我认为中国人实际上并不信仰任何思想体系;他们首先信仰的是中国。"尼克松又问："你还没有回答我刚才的提问,越南战争会不会妨碍中美和解?"马尔罗说："总统阁下,据我所知,美国正要从越南脱身,当然这是一个明智之举,这说明美国在越南的作用如今已经不是实质性问题。而中国呢,在历史上,中国与越南的宿怨太深了。我看,越南战争不会构成中美接近的障碍。"

尼克松端详着眼前这位德高望重的法国老人,十分佩服他敏锐的洞察力和精明的理解力,佩服他有着惊人的直觉。尼克松换了一个角度问："你能给我讲讲对毛泽东的印象吗?"

马尔罗望着窗外的玫瑰园,似乎沉浸在对往事的回忆中,然后滔滔不绝地说了起来："五年前,我见到毛的时候,毛担心一件事,美国人或者俄国人用十颗原子弹就可以破坏中国的工业中心,使中国倒退50年,而在此期间他自己会死去。他对我讲,'当我有六颗原子弹时,就没有人能够轰炸我的城市了。'我不懂毛这句话的意思。毛接着又讲,'美国人永远不会对我们扔原子弹。'这话我也不懂,不过我给你复述一遍,因为一个人不懂的话才往往是最重要的话。"

尼克松津津有味地听着,时而"哦、哦"地应着。马尔罗又说："总统阁下，过几天，你将面对的是一位巨人，不过是一个面临死亡的巨人。"整个下午过去了，天黑了，尼克松设晚宴招待马尔罗，进餐时的话题还是毛泽东。他请教马尔罗怎么跟毛泽东谈话。

"你将会晤的是一个命运奇特的人，他相信他正在演出自己一生中的最后一幕。你可能以为他是在对你说话，但实际上他将是在对死神讲话……总统，你去中国跑一趟是值得的。"

关于毛泽东的话题强烈地吸引着这两位西方名人。晚宴后喝咖啡的时候，马尔罗被谈话的内容和咖啡因刺激得十分兴奋，对尼克松说："阁下，你即将尝试本世纪最重大的事业之一。我联想到16世纪的那些探险家，他们出去寻找一个具体的目的地，但往往发现了一个截然不同的地方。总统，你要做的事情很可能得到出乎意料、完全不同的结果。"

谈话结束时，尼克松亲自出门送马尔罗上车。那晚，夜空遥远，星光灿烂，尽管深冬的夜风料峭。他俩站在白宫北廊的台阶上，马尔罗在告别后没有马上上车，他又回转身来对尼克松说："我不是戴高乐，但我知道要是戴高乐在这里他会说些什么。他会说，所有理解你正在着手进行的事业的人都向你致敬！"

尼克松会见过马尔罗之后的第三天，就动身访华了（图12）。

笔者认为，斯诺在1970年国庆天安门城楼露面（图13）之后，12月间与毛泽东在中南海书房的那次以美国为主要话题的长时间谈话，正好与尼克松和马尔罗的这次关于毛泽东话题的长谈是遥相呼应的两次重要谈话。但是，毛泽东和斯诺的谈话要比后者早了一年。

尼克松忍不住"违反规定"伸手摸龙头

——尼克松访华拉开了文物外交的序幕

图1.1972年2月访华期间，美国总统尼克松与夫人、罗杰斯国务卿兴趣盎然地观看金缕玉衣

图2.尼克松忍不住伸手越过围栏去摸龙头

　　本文选了1972年2月美国总统尼克松在访华的"破冰之旅"中观看中国文物的三张照片。作为主题照片，图1中可见尼克松夫妇、罗杰斯国务卿眼光如此一致，凝视着金缕玉衣这件惊世瑰宝。在图2中，虽然展品前面摆着"请勿动手"的牌子，尼克松还是忍不住弯腰，伸手越过栏杆摸一下栩栩如生的龙头。对这一超越常规的举动，在总统左后方，亲自担任讲解的时任国

图3.尼克松仰望着十三陵道路旁的巨兽石雕像
图4.1971年7月10日上午，秘密访华的基辛格参观故宫博物院

家文物局局长王冶秋，只好惊讶而理解地笑望着。图3是尼克松仰望十三陵道路旁的巨兽石雕像，有报道称他对某记者说，别说美国建国近200年，就是哥伦布登陆美洲近500年，也没有发现或记载有这样可爱的怪兽。

震动世界的1971年4月的乒乓外交，因促成尼克松总统访华的"破冰之旅"而众人皆知。而与此同时周总理精心安排的文物外交却鲜为人知，也未见史料详述。1971年7月9日，基辛格飞越喜马拉雅山到北京密谈时，到钓鱼台之外唯一的考察活动就是参观故宫及出土文物展。如此，基辛格有幸成了故宫关闭五年后得以进宫参观的第一个外国人。偌大的故宫大院里，只有黄华、章文晋、王冶秋等几人陪同（图4）。原来，1966年8月18日，"文化大革命"刚开始，天安门广场百万红卫兵集会以及在长安街大字报中，红卫兵都扬言要冲入故宫"破四旧"，砸烂封建皇帝宝座。周总理闻讯后于当晚深夜指示立即关闭故宫，并责令北京卫戍区派一个营日夜守护。1970年春，在故宫"整改"中，北大红卫兵代表提出太和殿要挖地三尺将皇帝宝座颠倒搁置，配上农民起义军雕塑。周恩来苦心应对，使太和殿得以基本保存原貌。1970年5月1日，周恩来说：许多外宾要求看文物，外电造谣称，故宫三大殿皆被红卫兵砸毁了，要抓紧故宫的恢复开放。周恩来借此将文物专家王冶秋"解放"出来，成立国家文

图5.1973年5月8日，"中华人民共和国出土文物展览"在法国巴黎珀蒂宫博物馆隆重开幕
图6.1973年6月8日，"中华人民共和国出土文物展览"在东京开幕

物局，迅速复兴文物事业。

在周总理亲自批准及运筹下，在相关省市积极支援下，"文化大革命期间出土文物展览"在基辛格秘密访华前十天，即1971年7月1日，在故宫慈宁宫成功举行。经总理批准，7月5日，故宫博物院重新开放。7月10日早上，秘密访华的基辛格参观后赞不绝口，感叹灿烂的中国古代文物珍品展览使他大开眼界。紧接着，7月24日，周总理批准了《关于到国外举办中国出土文物展览的报告》，"中华人民共和国出土文物展览"开始积极筹备。

基辛格秘密访华七个月之后，1972年2月尼克松总统访华。尼克松夫妇参观了长城、故宫、十三陵等名胜古迹。有着悠久而灿烂古老文化的"神秘大国"，随着中国新闻史上首次卫星电视实况转播及世界各大媒体的重点报道，一下子就展现在全世界观众和读者的面前。世界轰动了！"铁幕后神秘中国"的面纱揭开了，周总理精心策划的"文物外交"由此拉开序幕。从此，故宫博物院、山西大同云冈石窟、河南洛阳龙门石窟等文物遗址，还有长城、中国历史博物馆等展览馆，在尼克松总统访华之后，成为日本首相田中角荣、法国总统蓬皮杜、加拿大总理特鲁多等外国政要访华必去参观的景点。有评论说，外国政要参观访问文化古迹，多少消除了一些"文革"动乱对中国国际形象造成的损害。

　　周总理1970年5月精心部署的新"局"取得了重要胜利，在国内外引起了强烈的反响。于是，文物外交成为继乒乓外交之后，中国文物走向世界进而促进我国国际关系发展的一种新形式。在尼克松总统访华一年之后，"中华人民共和国出土文物展览"筹备就绪，展品的年代从60万年前到300多年前明代万历年间，数百件展品绝大部分是实物，很好地展示了中国悠久辉煌的文化传承。1973年5月8日"中华人民共和国出土文物展览"第一次走出国门，在法国巴黎著名的珀蒂宫博物馆隆重开幕，引起巨大轰动。图5为"中华人民共和国国出土文物展览"开幕照，两旁雕花巨柱之间是镂花镀金大铁门，门旁沿石阶排列两队头戴羽翎头盔、肩挂绶带的仪仗士兵，宾客拾级而上时，

图7.1973年9月28日，"中华人民共和国出土文物展览"在伦敦开幕

图8.1973年9月15日，周恩来陪同法国总统蓬皮杜参观大同云冈石窟。举手讲解者为王冶秋

图9.1973年10月14日，周恩来陪同加拿大总理特鲁多参观洛阳龙门石窟时合影

士兵们整齐划一地在鼻梁前竖举佩剑致意。接着，同年6月8日，出土文物展览在东京国立博物馆开幕，图6为日本外相大平正芳出席开幕式；再接着，同年9月28日，出土文物展览在英国伦敦皇家艺术协会大厅举行，拍板实现"英中关系从半建交升格为全建交"的希思首相亲自出席开幕式（图7）。当时，出土文物展览最初的目标是法、英两国，但其他国家也纷纷要求展览，仅美国就在东西部数个城市进行了巡展，之后很快风靡全世界。1973年9月，戴高乐总统继任者蓬皮杜总统访问中国，实现了法中关系缔造者戴高乐将军的遗愿，成为法中关系史上第一位访华的总统。事前，法方向中方提出"其他国家元首去过的地方就不去"的原则，表示想去云冈石窟。当时，大同地区是驻有十多万部队的军事禁区，外交部礼宾司感到问题棘手并向周总理汇报。周总理考虑到法国是第一个与中国建交的西方大国，赞扬法国在国际事务中不跟随超级大国指挥棒起舞，保持了民族独立的精神，特别批示说，尊重法方的选择。9月15日，在周恩来陪同下，蓬皮杜总统参观大同云冈石窟。魅力独具的云冈石窟壮观的露天大佛石雕群，既吸收了受希腊文化影响的印度艺术营养，又保持了我国民族特色，法国电视台播出了电视专题节目，让法国乃至欧洲大为震动，因为这是从来没有外国领导人踏足过的神秘之地（图8）。当时，大同云冈石窟不仅在国外鲜为人知，就是国内的人们对它也很陌生。一个月之后，周总理又陪同加拿大总理特鲁多参观洛阳龙门石窟，这是周总理最后一次陪外宾到外地参观。

周总理精心部署的文物外交影响深远，使许多人从关于中国"文革"动乱的负面报道中醒来，重新观察和认识发展中的中国。文物外交在上世纪70年代为实现新中国的外交突破做出了历史性的重要贡献。

毛泽东对黄镇说：联络处比大使馆还"大使馆"
——中美关系解冻伊始

图1.毛泽东笑容满面地与黄镇握手
图2.1989年2月25日，黄镇与布什这两个联络处老主任又见面了

　　毛主席如此开心地笑着与黄镇握手的照片（图1），是很难见到的毛主席晚年开怀喜悦的照片。图2是黄镇和老布什，两个联络处老主任、一对好朋友，重逢时满怀喜悦的照片。

　　新中国重返联合国，尼克松总统访华，英国、日本、联邦德国、澳大利

图3.1974年间，美驻华联络处主任布鲁斯（右一）、中国副外长乔冠华（中）与美国参议员亨利·杰克逊（左一）在美国驻华联络处

图4.黄镇与尼克松在白宫见面时合影

图5.黄镇夫妇在基辛格陪同下应邀乘"空军一号"飞往西部白宫，在洛杉矶机场转乘直升机到达西部白宫草坪

亚、西班牙等西方大国纷纷与中国建交，继1972年中美《上海公报》发表之后，1973年二三月间，中美关系实现了又一重大突破，双方商定在对方首都互设联络处。图1不能不令人回想起中美关系刚开始解冻时的"联络处"时期。美国人认为，"联络处"属官方派出机构，是外交史上从未有过的概念。美方极其重视驻华联络处，先是派美国驻外使节中威望和资历最高的戴维·布鲁斯担任首任驻华联络处主任（图3）；周恩来也相应考虑派出中国最有威望、最具资历的外交官。在新中国诸多驻外大使中，黄镇是第一人选，他是见毛泽东次数最多、坐飞机次数最多、担任职务最重要的大使，还是外交部仅有的两名中央委员之一。为此，周恩来致信毛泽东："我拟相应地派黄镇大使去任驻华盛顿联络处主任，以利推动工作开展。"毛批阅："照发。"

黄镇原任我国驻法首任大使，这年3月底，黄镇夫妇奉调自巴黎飞返北京。外交部即宣布新任命，当晚夜深，周总理陪同毛主席接见黄镇等人。毛主席笑着与他握手，并以特有的幽默开场："黄大使从法国调到美国去当联络处主任，官是升了还是降了？"黄镇一时不知怎么回答。毛主席就笑着说："我看你是升官了，联络处比大使馆还要'大使馆'嘛。联络处主任嘛，CHIEF，

图6.黄镇与尼克松
图7.布什在美驻华联络处门前留影
图8.布什在北京骑着自行车走街串胡同

元首也是这个词。"周总理插话："是部长级。"毛主席又说："美方的主任布鲁斯72岁了，是著名外交家、老前辈，声望要比部长还高。"毛主席还说，"到美国后，在那里工作要像阿庆嫂，不卑也不亢，不要搞什么轰轰烈烈。"毛主席那天晚上见黄镇时心情很好，从黄镇原名黄士元，谈到黄镇改名出自《楚辞》的"白玉兮为镇，玉可碎而不改其白，竹可黄而不改其节"，又谈到长征，外交部91人大字报，国际关系，王羲之书法真伪，李白、李贺的诗，等等，话题很广，精彩不断，幽默丛生，深夜中南海游泳池书房里掌声、笑声不绝于耳。

同年7月，美国驻华联络处在日坛公园附近的新建筑里正式开办。与此同时，中方买下华盛顿温莎公园旅馆，改建成中国驻美联络处。黄镇抵达美国就任新职的次日就应邀进白宫与尼克松总统见面（图4）。不久，获得白宫主人给予的在美国外交史上罕见的特殊礼遇：由基辛格国务卿陪同，乘总统专机"空军一号"离开华盛顿，飞去加州海滨"西部白宫"的尼克松总统别墅做客（图5）。这是所有国家驻华盛顿大使都没有享受过的待遇（图6）。黄镇从美国发回的报告极受重视，毛主席都亲自看过或阅示。尼克松卸任之后应邀访

图9.小布什偕妻子劳拉来北京探亲，在美驻华联络
　　处门前留影
图10.布什与第三次复出的邓小平在人民大会堂会
　　见，两人都很高兴

华，不能使用美国专机，毛泽东看了黄镇的情况报告之后，就拍板决定使用中国刚刚购买的波音707新客机，专程飞去洛杉矶接尼克松再次访华，此举震动美国朝野。

黄镇赴美不久，尼克松因"水门事件"辞职，副总统福特就任总统。鉴于乔治·布什在共和党内的重量级地位，福特总统让布什首先挑选驻外大使要职。大出福特意料，布什不选炙手可热的驻英、驻法大使，而偏偏眼光独到地选择了美国驻华联络处，于是，布鲁斯只在北京住了十个多月，主任椅子尚未坐热就让位给了布什（图7）。布什因为弃卡迪拉克豪华轿车不坐，喜爱骑中国普通百姓常用的自行车在北京走街串胡同，被人们称为"自行车大使"，在北京外交使团及中国很有人缘（图8）。毛泽东及二次复出的邓小平都见过布什，对他印象也颇佳。布什的儿子、上一任美国总统小布什当时还是个青年人，偕妻子劳拉来北京看望父亲（图9）。黄镇与老布什这两个联络处老主任因此有了接触，此后往来不断，成了好朋友。老布什和夫人芭芭拉对中国有了感情，想在北京长住一些日子。但他在京任职一年多之后，就调任美国中央情报局局长了。在布什陪同福特总统会见毛泽东时，毛泽东在与福特谈话之间也曾对布什说："你升官了。"毛泽东还对福特说："我们不想让他回去。"福特离京第二天，邓小平举行私人宴会为即将离任的布什饯行，黄镇夫妇作陪。布什在京正逢邓小平二次复出大抓整顿，留下很深印象，从而对邓小平很尊重、敬佩。布什回国不久，中国又起"批邓"风云，布什特地邀请黄镇夫妇到家中做客。黄镇走进客厅，一眼就看见墙上挂着一幅邓小平的放大照片，黄镇虽不便表态但十分激动。布什对黄镇说："主任阁下，凭我的了解和感觉，将来最有可能在毛与周之后继承最高权位的，不会是别人，而是邓。"黄镇十分兴奋，本来按照外事规定，如此重要情况当晚需立即报告国内，但是，这次他例外地没有报告，也不能报告。果然，只经过一年左右，邓小平就复出了。布什在卡特的民主党政府中不再担任公职，1977年9月，黄镇就应布什要求安排其以

图11.黄镇回国之后与邓小平合影
图12.2008年8月8日，老总统及原美国驻华联络处老主任老布什、总统小布什与中国国务委员戴秉国出席美国驻华大使馆新馆的开馆剪彩仪式
图13.中国驻美大使馆新馆宏伟的乳白色建筑群

私人身份访问中国。9月27日，邓小平在人民大会堂会见了布什，两人都很高兴（图10）。邓小平亲自安排布什一行访问西藏，于是，布什有幸成为新中国成立后进入西藏访问的第一个美国要员。黄镇担任了将近六年的驻美联络处主任，1977年11月3日，蒙代尔副总统在白宫国宴厅举行午宴为即将离任回国的黄镇饯行，卡特总统赶来参加并对黄镇及记者们说："中国派了这样杰出的人物作为联络处首任主任，使美国深感荣幸！由白宫出面为一位即将离任的外交使节饯行，在美国外交史上是没有先例的。"年近69岁的黄镇结束了长期驻外岁月，终于回国了（图11）。

2008年夏天，规模宏伟而各具特色的中国驻美大使馆新馆及美国驻华大使馆新馆相继开馆，这是迄今为止世界上最大的两个大使馆。两个新使馆是十分引人瞩目的新地标式建筑，无疑标志着中美两国关系进入了一个承前启后、全面发展的新时期。2008年8月8日北京奥运会开幕这天，黄镇的老朋友、老总统、原美驻华联络处老主任老布什与上任总统小布什，均出席了当日举行的美国驻华大使馆新馆开馆剪彩仪式（图12）。笔者在电视新闻中看到老布什动剪刀的时候，不能不深切怀念我们的老主任黄镇将军。从1973年5月，华盛顿特区的康涅狄格大道第2300号"温莎旅馆"红砖小楼的中国驻美联络处，到1979年3月1日换牌为中国驻美大使馆，再到2008年7月29日中国驻美大使馆宏伟的乳白色建筑群新馆开馆（图13），虽然新旧两馆相隔仅有3英里路，但中国走了整整35年！它们见证了中国从一个对外封闭的国家到世界外交舞台上重量级角色的不凡而辉煌的转身。将军大使黄镇，是我们走这段路程的先驱者。

2009年1月8日黄镇百年诞辰，撰此文以作纪念。

"中美关系正常化两秒钟就可以完成"

——邓小平访美与卡特从此成为好朋友

图1.邓小平与卡特在人民大会堂见面时紧紧拥抱

图2.1978年10月，邓小平访问日本时，有人问中美建交要多长时间，邓小平回答说："两秒钟就可以完成。"

  2008年12月16日是中美两国建交30周年，笔者选了图1作为主题照片。邓小平与吉米·卡特在人民大会堂紧紧拥抱的照片，在中国领导人与西方国家领导人会见的照片中，几乎是绝无仅有的。笔者所见领导人会见的礼仪照，几乎全是握手的，像毛泽东与尼克松双手紧握已经难能可贵了。邓小平

图3.邓小平在卡特举行的欢迎仪式上讲话，强调说"中美关系正常化的意义远远超出两国关系的范围"

图4.1979年1月29日，邓小平在卡特陪同下，在白宫南草坪检阅仪仗队

图5.邓小平与卡特在正式会谈之前谈得很开心，中间为翻译冀朝铸

与卡特这种拥抱被称"熊抱"，两人多次称对方为老朋友，两人共同拍板成就了中美建交这件影响着世界命运的大事。

虽然说毛泽东与美国共和党总统尼克松在1972年的会见解冻了两国敌对20多年的坚冰，但是两国建交却是在邓小平第三次复出后，与时任总统的民主党人卡特共同以惊人的魄力完成的，从此两人相互信任，交往很深。卡特在他的回忆录里写道："我对邓的印象很好，他矮个子、坚韧、智慧、坦率、无畏、有风度、自信、友好，和他相处是一种乐趣，他善解人意并善于合作。在这期间，我明白了，为什么有人说中国人是世界上最文明的人。"卡特总统的国家特别安全助理布热津斯基，这样记述他见证邓小平访问白宫的感受："周一早晨，邓小平第一次出现在白宫，现场的气氛就像充了电一样热烈，我回忆不起在白宫有哪一个能够与之相媲美的场面。"

1977年夏秋，邓小平第三次复出后就把中美建交列为头等大事。1978年秋，邓小平访问日本期间答记者问

图6.步入白宫国宴厅之前，邓小平夫妇与卡特夫妇合影

图7.1979年1月29日，邓小平在美国国会演讲的情景

图8.邓小平赠送给卡特苏绣双面白猫图，并与卡特夫妇共赏

图9.卡特赠送给邓小平的精品烧瓷牡丹

图10.邓小平访问休斯敦航天中心，进入航天飞机座舱戴上耳机，体验驾机的感觉

图11.邓小平在休斯敦观看驯牛竞技表演，并接受骑手所赠牛仔帽。次日，邓小平戴牛仔帽的镜头传遍全世界

图12.美国安保人员赠给邓小平的特别礼物：贴有邓小平照片的西雅图警察局局长证

时自信地说："中美关系正常化两秒钟就可以完成。"（图2）邓小平访美，在卡特陪同下检阅仪仗队（图4）之后，就在讲话中强调："中美关系正常化的意义远远超出两国关系的范围"。与卡特初次会谈后（图5），邓小平对记者们说："我们无所不谈，上至天文，下至地理。"两人谈话十分轻松、信任和开心，因而充满着智慧和幽默。邓小平掏香烟时间："美国国会有没有法律限制在白宫吸烟？"卡特说："只要我当总统，就不会签署这样的法令，我那个佐治亚州是种植烟草出名的啊。"卡特说："美国已有14位领导人访问过中国，您是第一位访美的中国领导人啊。14比1，我们占了便宜。"邓小平说："朋友多多益善，自古好客的中国欢迎你们多占便宜。"

宴会前，两人偕夫人合影（图6）。宴会上，一个大歌星来给邓小平祝酒说："阁下，我对您个人经历极感兴趣。"邓小平笑着回答："要是为政治上东山再起的人设奥林匹克奖的话，我很有资格获得金牌。"卡特在一旁大声叫好。邓小平与卡特难免要面对重要分歧，但是争论是心平气和的。卡特劝邓小平访美期间谈到台湾问题时，最好用上"和平方式"和"耐心"。邓小平则劝卡特说，希望美国和日本规劝台湾谈判，而不要做不利于台湾问题和平解决的事。邓小平在国会发表讲话（图7），这是中国领导人第一次在美国国会发表演说，确实谈到了关于"和平方式"和"耐心"。邓小平对美国众参两院议员们十分诚恳地说："我们对祖国统一采取现实态度，我们尊重台湾的现实，台湾现行制度可以不变。我们当然力求用和平方式来解决台湾回归问题，但是我们不能承担这么一个义务，'除了和平方式以外，不能用其他方式来实现统一祖国的愿望'。我们如果把自己的手捆起来，反而会妨碍台湾问题和平解决的良好愿望。至于时间表，中国是有耐心的。"邓小平这番诚恳而有新意的话，给美国议员们留下了深刻印象。议员们还与邓小平共进午餐、茶会，宾主边吃边谈。议员们还列队拿着当期以邓小平头像作封面的《时代周刊》，请邓小平签名，场景十分感人。卡特总统对邓小平在国会的讲话及与议员们的交往活动，给予了很高的评价。

卡特很欣赏邓小平关于白猫黑猫的"猫论"，邓小平特意请苏州刺绣大师精心绣了一幅双面白猫绣赠送给卡特总统（图8）。卡特知道中国人酷爱牡丹，也特意回赠邓小平精致的烧瓷牡丹（图9）。

卡特对邓小平这样一位大国领导人仅带七名安全人员到美国访问，不禁大吃一惊。中方说邓小平访美的安全责任交由美方负责，卡特感触这是邓小平对美国的最大信任，同时又感到责任特别重大，他明确指示有关部门采取一切措施确保邓小平访美的安全"万无一失"。美国国情极为复杂，美方为邓小平的安全制定的特别措施中就有这么一条，凡邓小平从下榻宾馆下楼出来，车队及安保单位要保证"邓到即走"，无须等中美两国其他随访官员。邓小平在休斯敦竞技场戴牛仔帽的那天傍晚，从下榻的凯悦饭店下到楼下大堂时，突然有一暴徒扑向邓小平，跟着邓的美方警卫凯利急步上前一出手，就将暴徒击倒在地，其他警卫一拥而上将其按倒抓住。瞬息之间，化险为夷，邓小平出门登车而去。邓小平身边的美国保镖很多，与邓小平朝夕相处，邓小平对他们极其尽责印象很深。在西雅图机场结束访美之行登机之前，邓小平在机场特别接见了美方的安保人员，与他们合影留念，并欢迎他们访华。邓小平对他们说："感谢你们的周到服务，保证了我访美的圆满之行。今后，我欢迎你们当中的任何人到中国访问。"美国安保人员对邓小平印象很好，很尊敬，并特别制作了一件与警卫安保工作有关的礼物———一张贴有邓小平照片和金属徽章的西雅图警察局局长证。邓小平接过一看开心地笑了，很高兴地收下这份特别的礼物（图12）。

卡特卸任之后曾数次访华，其中1987年6月经邓小平安排还访问了西藏。他回到北京对邓小平说起西藏之行的感受时很高兴并说："我想你应再去一次美国。"邓小平笑说："我经常回忆起我访美时受到美国政府破格接待时的情景，但是上帝不允许我再年轻20年。"

来自牛津的八路
——中英友好的开路者林迈可

图1.1954年英国前首相艾德礼率领工党代表团访华，林迈可、李效黎夫妇随团访问，受到周恩来的接见。该照片是周恩来亲笔题字惠赠林迈可夫妇的

中美建交十多年之后，即上世纪90年代期间，有人从收藏在美国马里兰州的联邦传播委员会国家档案库尘封的老档案中，找到一批电头为"新华社延安"的英文电讯稿。这批原始的英文电讯，具有重大的历史价值，可以说这就是后来成为新中国国家通讯社的新华社从延安走向世界的开山之作。

远在大西洋西岸的马里兰州几乎是美国最小的州，对收藏在该州阿巴拉契

图2.林迈可与晋察冀军区司令聂荣臻在一起

图3.林迈可在晋察冀军区装修电台

图4.林迈可在晋察冀根据地开办八路军高级电讯培训班。左一是钟夫翔，新中国成立后曾任邮电部部长

亚山脉腹地的这批珍贵中国革命文献，追溯其来源，就不能不写到一个中文名字叫"林迈可"的英国人。他的英文姓名是Michael Francis Morris Linsay，生于1919年，卒于1994年。林迈可出生于英国显赫的书香门第，祖父是历史学家，父亲是哲学家，在牛津大学的贝里奥学院当过25年院长（在牛津大学诸学院中，贝里奥学院最具盛名，被称为"牛津大学的精英之学识核电站"，它的学员后来不乏成为首相、国王、诺贝尔奖获得者、红衣主教、作家及电影导演者，为中国人所熟知的希思首相、麦克米伦首相皆是林迈可父亲的学生）。因对牛津大学及英国的贡献，林迈可的父亲于1945年被英王册封为男爵并成为英国上议院议员。

林迈可就读于牛津大学这样的优越环境中，曾学过经济学等多种学科，爱好无线电技术，也爱好摄影。林迈可大学毕业后的第二年，即1938年，19岁的他被燕京大学校长司徒雷登聘为经济学教授，林迈可在燕京大学开创了牛津大学式的导师制。回顾林迈可75年的人生，大部分还是教学生涯，唯有在中国的八年，赶上了抗日战争，使他从燕京大学转到晋察冀根据地，成为八路军中的一员。抗战胜利之后他回到英国，后又到美国哈佛大学任教。

1938年1月8日，林迈可乘加拿大远洋轮船"亚洲女皇号"从温哥华港穿越太平洋驶往中国。同船的还有后来在中国鼎鼎大名的白求恩，两人都戴圆框

图5.林迈可指导装配的军用便携小电台
图6.林迈可、李效黎一家四口在延安
图7.林迈可在认真收听电讯

眼镜，并在旅途中成为好友。白求恩是共产党员，刚结束了在西班牙反法西斯战线的医疗救护工作，转而奔赴中国抗日根据地；年轻的林迈可是个英国绅士气十足的自由主义者，绕道美国、加拿大，要去日寇占据的北平任教。北平笼罩着法西斯恐怖气氛，林迈可亲眼目睹校长司徒雷登以教会大学为由而拒绝为日本占领军服务，宁可关门也决不妥协；校长的性格与立场，深深地影响着林迈可。北平城里，林迈可亲身感受到华北抗日地下组织的有关活动，这使他十分新鲜好奇。经与燕京大学班·威廉等两位年轻外籍教师私下商议，决定利用复活节假期去"那边"充分了解情况，林迈可还带去了新买的德国蔡司伊康120相机。他们越过日军警戒，到达冀中根据地，得到了当地军民的热情欢迎和接待，先后见到了吕正操、萧克将军。后来，他们被护送越过平汉铁路，到达聂荣臻将军位于五台山的晋察冀军区司令部。在根据地，林迈可看到儿童在查路条，群众举行抗日集会，新入伍战士奋发操练，简陋兵工厂紧张有序地生产，男女

图8.1945年10月，林迈
可一家回到英国后在
家里拍摄的合影

图9.晚年的林迈可

平等参政议政，露天舞台上演出抗战话剧，他们还参加了一次部队夜间破袭平汉铁路的战斗。所见所闻，林迈可深为边区军民艰苦卓绝的抗战精神所感动。在八路军总部，林迈可见到了朱德总司令，他还主动为总部修理电台。他与白求恩重逢，白求恩身穿八路军军装在忙碌地抢救伤员，林迈可耳闻目睹，下决心积极参加抗日地下活动，临别时还主动提出设法为根据地代购紧缺物资。

　　回到北平城，林迈可利用外国人过城门及关卡不被搜身的便利条件，为八路军采购及运送日本人严格控制的医药、无线电零配件、配炸药的化工原料等。为工作方便，他买了一辆摩托车。他骑着摩托车一次次地顺利通过日军的检查关卡。在任教过程动中，他挑选了八名学生，其中唯一的女生是山西姑娘李效黎。他请李效黎帮他重新整理一批西药标签。为保护供药商，他们将售药商店英文商标撕去，再用中文准确记录所买药品的详细名称、功能和用法用量，然后再贴上去。有一次他拿一沓进口化学药品的订单，请李效黎译成中文，订单数量极大，让毫不知情的李效黎颇感奇怪。弄清真相后，李效黎成了他的好助手，两人默契配合，冒着生命危险为根据地八路军组织大规模的药品和外科器械供应，有时还传递情报，掩护地下党员进出北平城。不久，李效黎成了他的妻子，成就了一段同生死、共患难、富有传奇色彩的跨国姻缘。

当时，第二十九军在"七七事变"撤退时留下不少军用装备转送给八路军，存放在天津英租界内，林迈可和李效黎用司徒雷登校长专车，将装备装了六个大箱子，从天津安全运到东交民巷的美国总领馆，再伺机运回燕大，放在临湖轩林迈可住所的储藏室里。然后，再分批运往西山交给八路军联络员。1941年12月7日，日本偷袭珍珠港，美国对日宣战，揭开了太平洋战争的序幕。林迈可在广播中获悉后，觉得必须立即撤离，他去找司徒雷登校长，但司徒雷登不愿离校。林迈可、李效黎和班·威廉夫妇就驾驶司徒雷登校长的专车撤离，刚离开燕京校园十分钟，日本宪兵队就赶到了，但已人去屋空。他们逃出北平，在城外得到八路军游击队的接应，并被护送到平西根据地。

林迈可来到八路军抗日根据地，决定投身到中国人民艰苦卓绝的抗战中。他和李效黎加入了八路军，穿上了军装。曾经留学欧洲的聂荣臻司令员，将林迈可称为"来自牛津的八路"。大家还笑说，你要不是眼睛是蓝色的，就跟所有的八路一样了。

在受严密封锁的晋察冀敌后根据地，物质条件极其简陋，林迈可创造性地改造废旧收发报机，所用的零件有少量是从缴获的日军机器上拆下来的，大部分是从北平、保定等沦陷城市秘密采购运回的。他指导人员组装出一批具有当时世界先进水平的军用便携小电台，尺寸仅10英寸×8英寸×6英寸，功率虽只有25瓦，但是几百英里外都可以使用，对提高八路军战斗力起了重要作用。他在晋察冀根据地为八路军开办高级无线电训练班，其中好些学员在新中国成立后成为我国第一代无线电事业的部长、总局长、总工程师等栋梁，如钟夫翔、王士光、林爽等。笔者对林迈可的关注，就是由1987年为红七、红八军拍片时，任邮电部部长的老红军钟夫翔推荐而引发的。

抗战后期，林迈可来到延安。当时，中共中央正想方设法打破蒋介石的封锁。周恩来去苏联治疗时，曾于1940年间把一部大功率电台带回延安，当年实现了首次对外播音，但播音覆盖面只有陕北根据地及邻近省区，而且用了不久就坏了。林迈可到延安后，看到军委三局使用的器材已比晋察冀的好，发电机是由几台旧汽车发动机驱动，因陋就简靠木炭制成发生炉，烧出煤气运转。他立即废寝忘食地投入工作，经过一番检查、研究之后，觉得延安当时虽没有合适的零部件足以建立一部高效能的电台，但只要有一根灵敏度高的定向天线，即使电力不大，也可以向大洋彼岸的美国发报。幸运的是，他在晋察冀根据地找到了一本德国的《无线电工程》，抄下了其中的一些公式。用这些公式，就可以设计一个灵敏度高的"V"形定向天线。天线做好了，林迈可和大家将发报机搬到一个小山顶上，巨大的"V"形天线正好面向山谷的另一边，他又借来一副经纬仪，用来校准天线其他各端标杆的位置。

1944年9月1日，从中国黄土高原上一个不到10平方米的土窑洞里，首次向世界发出了以"新华社延安"为电头的英文电讯稿。这些英文稿子是经过林迈可的牛津英语润色的。这样，延安第一部国际电台使新华社的英文电讯电波频率得以上天远距离传播，首次让世界收到了延安的电码信息。当时，正值盟军转入反攻阶段，美国政府在旧金山有一批专业人员，专门监听世界各地的无线电传播信号。他们捕捉到这个新的电波信号，记录首次听到的延安发出的抗战电波。此后，他们每日将其中最重要的内容编辑成册，再分发给在美国首都华盛顿的400名高层官员。1945年9月5日，延安新华广播电台正式恢复口语播音。

中国抗战八年，林迈可也离开了英国八个年头。1945年10月抗战胜利之后，林迈可带着妻子儿女回到英国。新中国成立后的1954年，英国前首相艾德礼组建英国第一个重要的访华代表团，就特邀对中国革命有贡献的林迈可、李效黎夫妇参团。当时，伦敦有报纸称林迈可为"英中友好的开路者"。此后，林迈可作为中国人民的好朋友，多次应邀访华。他被誉为"燕京'洋八路'"、"八路军的'洋顾问'"、"八路军中的无线电先驱"、"新华社英文部的元老"等等，这位为中国人民抗战做出了杰出贡献的国际友人，是一位中国抗日的"洋"英雄。

本文所使用照片，除周恩来接见英国客人的合影之外，其余皆为林迈可提供或拍摄。

毛泽东破格用高规格接待英国卸任首相希思

——希思晚年回忆说：一见到毛主席，就觉得他是我的老朋友

图1.1974年5月25日，毛泽东会见希思时两人握手的经典照片
图2.毛泽东在中南海游泳池书房会见希思的全景照片，当时正在交换礼物

　　毛泽东在外交上常不按西方世界的规则或者惯例行事，做了好些被西方外交官视为"破格"的事。越南民主共和国于1945年9月在河内建国之后，被迫退隐于越西北深山老林而被称为"幽灵国家"，五年多一直得不到别国

承认。新中国刚成立，毛泽东就决策承认越南。尼克松下台离开白宫，毛泽东决定派出我国刚刚购买的波音707大型客机作为专机，越洋远飞美国洛杉矶接其访华，使华盛顿方面甚觉尴尬。

因竞选失利的英国保守党首相爱德华·希思刚刚卸任就应邀访华。1974年5月24日下午，他一出机舱就感动了！舷梯前铺着红地毯，欢迎的场面很热烈！执掌实权的邓小平代表周恩来总理欢迎他，邓小平身后是中国众多领导人，还有数千群众挥舞中英两国国旗。希思虽卸任首相，中国却破格以迎接国家首脑的高规格礼遇他，就差出动三军仪仗队了。

毛泽东很快就在书房会见了希思，很高兴地与他作了重要谈话（图1、图2）。档案与照片皆表明，毛泽东会见希思谈兴很盛，两人交谈很广泛，在许多方面取得了共识；长谈了

图3.毛泽东站起身送客，听了艾惕思大使酷爱中国古瓷器的逸事，他高兴地称赞这位英国大使。右二为艾惕思。杜修贤摄

图4.1974年5月27日，周恩来会见希思

图5.位于著名的波特兰广场49号-51号的中国驻英国大使馆

图6.1972年秋，希思出席并观看在伦敦开幕的中国出土文物展

图7.希思酷爱海上运动，这是他喜爱的驾帆船的照片
图8.希思醉心于音乐，访华期间访问了中央乐团

约两个钟头，超过了1972年2月其与尼克松谈话的时间。两人在谈到香港问题时，毛泽东指着在座的邓小平笑着说，此事交给年轻人吧。

毛主席起身送客时，发生了一个有趣的花絮：周总理向毛主席介绍了在场的英国首任驻华大使艾惕思，称他是世界有名的中国瓷器专家。1972年，经周总理特批，当时艾惕思大使曾数次到南京观赏一件青花瓷器的"顶极"梅瓶。由于没搞清楚梅瓶收藏单位，两下南京未能如愿，直到他打听到梅瓶确切收藏处，第三次到南京时才终于看到了梅瓶。艾惕思先生一看到梅瓶，就惊叹不已，竖起大拇指连连说："太好了！你们博物馆只要有这一件梅瓶，其他的都可以不要了！"毛主席与在场的人都乐了！毛主席称赞说："你这个英国佬比我还懂我们的老古董，了不起啊。"（图3）据介绍，大使当时爱不释手地抱着梅瓶整整研究了一天。回国后，他出版了厚厚的一本书，专门介绍这件青花梅瓶。

这是毛泽东与希思唯一的一次见面。事后，希思感慨地对路透社记者说，这次访华，是他在位的时候就安排好，要以首相身份访问的。落选卸任后，中国方面重申对他的热情邀请。他体验到中国这个礼仪之邦的领导人是重感情的，他在首相任职期间，解决了中英两国关系正常化的问题，中方就给他如此超乎国际常规的礼遇，这是中国人对他的回报。

回顾中英关系，自1954年中英建立代办级半外交关系以来，由于英国在台湾问题上追随美国，致使中英两国关系的发展缓慢。进入70年代，中美关系随着尼克松访华而改善，在1970年英国大选中保守党获胜，他政府上台，他在英国政坛有着重要影响，十分重视改进英中关系。他就任首相不久，多次表示愿意"尽力改善英中关系"。英国是"台湾地位未定论"的首创者，多年来，英方仍不愿放弃这一谬论，一直坚持在台湾的淡水设领事馆。在周恩来总理坚持下，经希思首相最后拍板，英国政府终于同意割掉"台湾地位未定论"的尾巴，结束了英中历时18年的半外交关系，建立了完全的外交关系，使两国关系揭开了新的一页。

当时，在两国建交谈判中，香港问题没有被利用作为两国关系正常化的讨价还价筹码，反而对后来解决香港问题起了决定性的作用。1972年3月8日，在中英两国关系正常化的联合公报发表前夕，中国常驻联合国代

图9.晚年希思在指挥乐团演奏

图10.从首相职位卸任后，希思以议员身份在国会作对外政策的发言，撒切尔首相及外交大臣杰弗里·豪在座倾听

图11.伊丽莎白女王与希思合影

图12.中英香港问题谈判期间，希思多次访华。图为1983年9月双方谈判遭遇困难时，希思访华会见邓小平

表黄华致信联合国非殖民地化特别委员会，要求联合国将香港和澳门的名字从《反殖民宣言》中的殖民地名册中删除。在一般情况下，被列入殖民地名单中的地区，最终都要实现独立。中国正式声明：中国政府不承认中英两国之间关于"割"、"租"香港的"三个不平等条约"，不承认英国对中国的香港进行"殖民统治"的合法性。消息传到伦敦，希思主持的英国内阁经讨论决定不反对中国的提议，并且据此评估香港不可能独立，英国将不得不做出某些让步，日后香港将会回归中国。同年6月15日，联合国非殖民地化特别委员会通过了决议，向联大建议从上述的殖民地名单中删去香港和澳门。接着，11月8日，第27届联合国大会以99票对5票的压倒多数通过了相关决议，批准了这份报告，确认了中国对香港、澳门拥有主权的立场与要求。联大批准的相关决议和报告，为后来解决香港问题奠定了国际法的基础。当时在希思批准下，英政府曾经设了一个由外交部主管官员与内阁成员组成的专门委员会，研究与探讨香港新界租约期满之后可能会发生什么情况。诸如，讨论了是静待中国有所表态，或是英国应当主动提出？英国何时提出才是最佳时间？如果新界问题得不到适当解决，预判会发生什么样的事件？冲突是大是小？信心何时会发生崩溃？当时经过多次秘密讨论，产生过该委员会大多数成员认同的结论：中国能从香港获得很大的好处。因此，中国政府会无限期地维持香港现状；新界租约问题势必需要提出来，提出的时间是最关键的问题。当时是70年代初，这项事

务显得并不急迫，也就暂时将它搁置了下来。因为它是个十分敏感的问题，该委员会的存在及所研讨的内容一直被列为机密，从未向外披露。此外，位于伦敦著名的波特兰广场49号–51号的中国驻英国大使馆是有名的国家级文物，为英国著名建筑大师亚当·史密斯兄弟设计，在希思首相关心下，使馆大楼较为顺利地移交给新中国（图5）。中英刚建交，中国就在伦敦举办出土文物展览，希思首相出席并剪彩（图6）。

当年在书房里，希思、艾惕思、周恩来依次坐在毛泽东左侧，翻译唐闻生、邓小平坐在毛泽东右侧（图2）。

据笔者采访外交部礼宾司官员唐龙彬得知，一见面，毛泽东就问起机场礼仪的事。毛泽东与希思握手寒暄落座之后，毛泽东就问周恩来："为什么没有仪仗队？"

周恩来抱歉地解释说："考虑到不是现职首相，担心现任首相威尔逊有误会。"

"我主张还是要有仪仗队。"毛泽东说着转向希思，"我是投你的票的。"

晚年希思在其回忆录中写道：一见到毛主席，就觉得他是我的老朋友。

这次希思在北京，一直是邓小平主陪。邓小平乌黑的平头短发，健壮敦实的身材，穿着灰色中山装，很有活力。当时邓小平刚刚从联合国特别大会发表著名演讲回来不久，他除了陪同希思会见毛泽东，还与希思进行了三次全面的会谈。在第三次会谈中，邓小平还说起期望香港问题"可以等你们考虑成熟，也许在你再任首相时达成协议"。

邓小平还陪同酷爱音乐的希思出席了中央乐团举行的专场音乐会（图8、图9），节目中安排了演奏希思所喜欢的巴赫、莫扎特等大师的作品。

虽然希思未能再次出任首相，他的政敌撒切尔夫人也取代了他保守党领袖的地位，但是十年后，担任首相的撒切尔夫人不得不"借重"希思（图10），借希思是中国人民的好朋友，且与邓小平的良好关系，多次请其为解决香港问题访华（图12）。希思在中英解决香港问题上功不可没！

伊丽莎白二世送来先王"迟到了390年的信"

——英国女王的首次访华之旅

图1.1986年10月12日，中国国家主席李先念在人民大会堂东门外广场主持隆重仪式，欢迎英国女王伊丽莎白
　　二世访问中国
图2.1986年10月14日，邓小平陪同英国女王伊丽莎白二世在钓鱼台国宾馆散步

　　英国是一个西方大国。英国女王伊丽莎白二世在1953年6月2日的加冕仪式上，乘坐先王乔治三世的皇家金马车，皇家礼仪队威风显赫、场面豪华壮观。因为有了电视和电影，伊丽莎白二世破天荒地成为第一位按礼仪要求、被"全世界人民收看到"加冕典礼的英国国王。她深感荣耀，将自己担任的角色比喻

为"英国头号推销员"。

女王是英国世袭国家元首、司法首脑、联合王国武装部队总司令和英国国教的世俗领袖。女王虽不管理国家事务，国家的大政方针由内阁政府制定，但她在英国政治生活中占有崇高的特殊地位，在英国各阶层民众中享有很高的威望，是深受国民爱戴的君主。全体国民都将女王视做国家统一的象征，英国是没有国庆节的，女王的生日就是英国国庆。她加冕时，有人告诉她，占人类四分之一人口的中国收看不到电视转播，原因有两个，一是朝鲜正在打仗，英国参战了；二是中国还没有电视。她说，世界要和平。从此访问这个东方文明古国就成了她的宿愿。

33年之后，1986年10月，英国国王伊丽莎白二世访华。这是历史上英国君王对中国的第一次国事访问，也是中英两国经过两年多的谈判，终于在1984年12月就香港问题发表联合声明之后的一次里程碑式访问，表明了"中英联合声明"促进了两国友好关系的发展；同样，女王对中国的访问也促进了"中英联合声明"的落实。

女王到访受到了中国隆重的接待。1986年10月12日，国家主席李先念在人民大会堂东门外主持欢迎仪式，鸣礼炮21响。李主席陪同女王检阅陆、海、空三军仪仗队，并为女王举行了盛大国宴。女王下榻于钓鱼台国宾馆刚刚改建竣工的国家元首楼，即18号楼。10月14日，邓小平陪同伊丽莎白二世在钓鱼台国宾馆散步，在鲜花盛开的钓鱼台养源斋会谈。

此前，伊丽莎白二世已经访问过130多个国家，并为自己是英国历史上旅行访问国家最多的国王而感到骄傲。她一辈子喝中国茶，即使周游世界，也随身带着莫尔文泉水泡中国茶。早在上世纪50年代，伊丽莎白二世就结识了时任美国副总统的尼克松；1969年1月尼克松出任美国总统，很快就到伦敦拜会伊丽莎白女王。1972年2月，女王对美国总统尼克松成为有电视实况转播后访问中国的第一位外国总统而心怀羡慕。尽管女王与希思首相关系不和，但是她还是对希思首相1972年3月拍板与中华人民共和国建立全面外交关系而高兴，这

图3.盛大节庆中的英国皇家金马车、皇家礼仪卫队以及夹道欢呼的国民
图4.1958年11月，伊丽莎白二世在白金汉宫会见美国副总统尼克松
图5.1969年春，伊丽莎白二世在白金汉宫会见美国新任总统尼克松

使女王有机会能访问这个神秘而有远古文明的东方大国。1975年5月，她作为英国女王首次访问香港的时候，就再次动过访问中国的念头，连美国总统都正式访问了中国，英国国家元首当然也向往访问遥远而神秘的中国。

1982年9月，撒切尔首相访问中国与邓小平会晤，中英两国关于香港问题的谈判开始了。1984年7月31日，英国外交大臣杰弗里·豪再次拜会邓小平时，在邓小平与撒切尔首相的决策下，两国关于香港问题的谈判取得了重大突破。会见结束前，邓小平很兴奋地说："我们认为，我们能够信任英国人民和英国政府，请向撒切尔首相转达我们希望她来签署（"中英联合声明"）协议的愿望，向英国女王转达我们希望她来中国访问的愿望。"杰弗

图6.即位前的伊丽莎白二世
图7.伊丽莎白二世自幼经过各种严格训练，这是她在骑马
图8.1953年6月2日，伊丽莎白二世在王座上接受纯金打造的沉重的爱德华王冠
图9.伊丽莎白二世戴金冠之后，到威斯特敏斯特宫接见议员和各国贵宾
图10.1975年5月，英国女王伊丽莎白二世首次访问香港

里·豪和在场的英国官员们，先是吃惊继而喜悦。大概是因为"中英联合声明"的正式协议还没有签署，邓小平就发出隆重的访华邀请，他的邀请是香港问题谈判成功、中英关系良好发展的信号。

女王的访问是经过一番精心准备的。她对出访中的一些细节，有着自己的主见。她在服装上爱浅色，不甚喜欢大红色，那次隆重的加冕仪式上她挑选了白色，白绸缎礼帽袍服上绣上英联邦各国国花，极富魅力。这次出席人民大会堂隆重的欢迎仪式，与李主席一起检阅三军仪仗队，她精心选择了红色，大红外套配红礼帽，表示了她对喜欢红色的中国的尊重，显得庄重、喜庆而大气。伊丽莎白二世遍访世界各国，除了乘飞机、火车、汽车，她还喜欢乘游艇，喜欢舰队从女王的游艇旁驶过时"军舰激起的水花溅落在自己的身上"。女王很重视这次对中国的访问，除了三架专机，还有皇家远航豪华游艇"大不列颠号"和皇家护卫舰"约克号"来华，分别停泊在上海、广州的码头上，供女王举办盛大答谢宴会和告别宴会用，还要举行隆重的升降旗仪式，这样的规模是新中国成立以来的首次。女王一行包括著名的皇家海军军乐队和王室侍从人员，总人数达到900多人。虽然在访华时间上，尼克松拔了头筹，但是在访华规模上英国女王超过了美国总统。据当年外交部礼宾司司长唐龙彬证实，女王访华的规模大大超过了1972年2月尼克松首次访华一行500人的规模。

必须提到的是，邓小平会见撒切尔夫人时，曾为吸烟一事征求女首相的同意，因而在会谈时一支接一支地抽烟。这次，他知道伊丽莎白二世不吸烟，因此在养源斋会见并宴请女王的整个下午，他表现了极强的克制力，竟然一支烟都没有吸。这表现出邓小平对女王的尊重，让英国客人们十分感动。事后，女王在写给邓小平的感谢信中，特别提到这件事："但愿未吸支烟没有使您太难受，实际上我们都不会介意的。但我们仍感谢您的好意。"

这次英国女王访问中国，双方交换了很有意义的礼品。据外交部礼宾司司长唐龙彬介绍，李先念主席向女王赠送秦陵铜马车、女王丝绣半身像、国画熊猫、丝绸衣料、邮票纪念册。伊丽莎白二世回赠劳斯莱斯高级轿车一辆、新生婴儿呼吸器、镀银文具盒等。最珍贵的是，女王还将英国前女王在1596年写给明朝万历皇帝的一封信，作为礼物赠送给李先念主席。当年的英国女王的这封信，表示希望英中之间贸易能得到发展。这封信，因送信的使者遭遇不幸，所以未能送到。这是一封被称为"迟到了390年的信"。

赠信时女王对李先念说："幸运的是，自1602年以来邮政事业已经进步了，您邀请我们到这里来的信件平安地送到了，而且接受这一邀请给了我们极大的欢乐。"

英国女王伊丽莎白二世成功访问中国，象征中英两国友好关系发展到一个新阶段。

"不怕犯法推开中国大门的勇士！"

——新中国成立后的第一批日本客人

图1.1952年5月15日，高良富、帆足计和宫腰喜助三位日本国会议员乘苏联小型飞机飞抵北京西苑机场。右一为帆足计，右二为中国国际贸促会秘书长冀朝鼎，右三为宫腰喜助，右四与冀朝鼎握手的女士为高良富

　　1952年5月15日，一架苏联伊尔-14小型军用飞机徐徐降落在北京西苑机场，高良富、帆足计和宫腰喜助三位日本国会议员及他们的随行秘书松本繁、中尾和夫等一行五人，应中国方面的邀请，乘飞机经停苏联赤塔抵达北京，成为新中国成立后的第一批日本客人。

　　图1是新中国成立后中日友好关系史上最珍贵的第一张照片，尽管两国的史书都推崇此照，却至今没有落实拍照者的姓名。据笔者判断，该照片首见于

在机场的当事者孙平化晚年回忆录，应为孙先生拍摄或提供。照片中人物右一是帆足计，右三为宫腰喜助，右四握手者为高良富。

日本客人来中国极其不易！当时，东西方阵营冷战对峙，朝鲜战争正在紧张进行，日本当局也紧跟美国敌视新中国，加入西方严密封锁禁运的行列。新中国被西方称为"铁幕中国"。

新中国成立后，毛主席、周总理高瞻远瞩地制定了启动民间外交、贸易先行及以民促官的对日政策。1952年4月，促进东西方贸易的莫斯科国际经济会议发起人之一的中国人民银行行长南汉宸，向日本经济界代表人物发出了邀请日方组团与会的信函，表明新中国重视与日本开展经济贸易，引起日本经济界的高度重视。新中国成立后，日本经济界人士普遍认为，"日本的未来在于日中友好"，"对于中国经济来说，日本比哪个国家都重要；同时，对于日本来说，中国又是比哪个国家都重要的国家"。日方积极活动准备参加莫斯科会议，商定组成包括帆足计、宫腰喜助、大山郁夫等19人的代表团。但受美国影响，日本外务省反对日本代表前往苏联，但代表们坚持要去，最后外务省拒绝发给护照，并扬言谁要私自去莫斯科就"以触犯法律定罪"。

日本客人来华之前，中方已经做了相应的准备工作。十天前，即1952年5月4日，以南汉宸为主席的中国国际贸易促进委员会在北京宣告成立，这批日本客人就由中国国际贸促会出面接待，到机场迎接的有该会秘书长冀朝鼎及孙平化等人。当时北京专供接待外宾的宾馆只有北京饭店（即现北京饭店旧楼），床位有限，加上出于保密与安全考虑，客人被安排到宣武门附近的头发胡同一机关内部小四合院里。对他们不直呼"日本客人"，代称为"头发胡同客人"，使人甚觉神秘。孙平化晚年这样回忆："这几位代表毅然决定访华，变成了首批开拓中日航道的先行者。近在咫尺的邻居，却要不远万里绕道巴黎去莫斯科，再从莫斯科辗转来北京，而且还要冒很大的风险。"

当时，日本妇女界精英人物、国会议员高良富代表日本出席3月下旬在巴黎召开的联合国教科文组织专题会议，获得了出国护照与签证。得知高良富要

图2.莫斯科国际经济会议闭幕大会会场。代表们举手通过了大会为促进东西方贸易所作的致联合国大会的宣言。中日代表在会后进行了两国间的首次贸易谈判

图3.1952年4月12日，莫斯科国际经济会议举行闭幕大会，由中国代表团团长南汉宸担任大会主席。图为南汉宸在主席台上主持会议

去巴黎开会，风见章、帆足计、西园寺公一等经济界人士去说服高良富，请她借此机会代表日本去莫斯科开会。高良富一口应允。她在巴黎出席了相关会议之后，取道丹麦哥本哈根，进入苏联，在莫斯科会议开幕后第四天赶到了。据这年4月7日《朝日新闻》晚间版报道，日本政府获悉此事即表示，高良富违反了日本护照法规，在其归国之后要给予处罚：处一年以下的惩役或三万日元以上罚款。就在此时，另有两位渴望参加莫斯科会议的日本国会议员帆足计和宫腰喜助，以"曲线迂回"方式也去了莫斯科。出发前，他俩先向外务省送去一份"不去莫斯科"的保证书，再以"赴丹麦考察农业"名义申请而获得了护照和签证。为此，笃信基督教的帆足计，还祈祷上帝不会惩罚真诚的善心。他俩离开日本经香港前往欧洲，再经丹麦转道芬兰赫尔辛基于4月29日赶到莫斯科。此时，国际经济会议已结束半个月了（图2和图3）。此前，高良富与中国代表团刚接上头，南汉宸团长与中国代表团就要启程回国了，但他将副团长、外贸部副部长雷任民留下，以便与日本代表充分交流。高良富和雷任民在莫斯科等候帆足计和宫腰喜助。

据帆足计说："（日方）与中国的贸易恳谈是彻夜进行的，双方还热烈讨

图4.新中国成立初期主持对日工作小组的廖承志，其身后是孙平化
图5.1952年6月1日，新中国第一份中日民间贸易协议在北京签字，沈钧儒、马寅初、邵力子、许德珩等领导人出席，南汉宸和高良富分别在协议书上签字

论了与民族命运有关的问题。"雷任民青年时代留学日本，曾在早稻田大学攻读经济学研究生，与这三位日本代表谈起日本、谈起经济与中日贸易，话题很容易切入。双方初步讨论了中日贸易的原则，同意在"互惠、平等、和平、友好"的立场上进行贸易协商，史称"莫斯科预备会谈"。接着，按周总理指示邀请日本三议员访问中国，到北京之后再研商具体的贸易协议。在当时严峻的冷战环境下，这三位日本国会议员的中国之行，可以说是中日关系史上的首次"破冰之旅"。

周恩来总理极其重视高良富等三位日本国会议员的北京之行，亲自指示廖承志领导的日本问题小组提前在北京饭店设立办公室（图4）。廖承志在主持会议的时候，高度评价了日本三名国会议员冲破日本当局的阻挠应邀访华，称他们为"首批开拓中日航道的先行者"，他激动地说："诸位，他们是第一批，不怕犯法推开中国大门的勇士！请记住，在中日关系史上，应该留下他们的名字：帆足计，社会党参议员；高良富，绿风会参议员；宫腰喜助，改进党众议员。"

贸易谈判实际上是在周总理直接领导下进行的。经周总理批准，双方终于达成了第一个民间贸易协议。《周恩来年谱》1952年6月有如下记载："6月，主持中国国际贸易促进会同日本国会议员帆足计、高良富、宫腰喜助谈判签订第一个中日民间贸易协议。6月1日，《中日贸易协议》签字。"

1952年6月1日，天安门广场西侧，中国国际贸促会所在西交民巷一栋典雅的老洋房大厅里，传出了一阵热烈的掌声。当时国内还没有电视，北京广播电台工作人员拿着话筒和笨重的录音机，赶到现场实况录音。在新中国成立之初，这也是高规格的外事活动了。签字仪式简朴而热烈，代表中方签字的是中国国际贸易促进会主席南汉宸，日方由高良富、帆足计、宫腰喜助分别代表日本三个民间贸易团体签字（图5）。南汉宸热情地发表讲话，三位日本代表也很激动地致辞，当天广播就传到了日本，引起了很大反响。据日中友好协会编写的《日中友好运动史》所记述："当

图6.1956年10月6日，毛泽东在南汉宸的陪同下，在京参观首次日本商品展览会。南汉宸向毛泽东介绍日本的半导体收音机

北京广播电台对日广播传来签字时的实况，以及三位日本代表的致辞时，立即受到日本国民热烈欢迎。'遏制'的高墙被打开了一个缺口，日中贸易的道路终于被打通了。"

7月初，这三位日本议员先后经香港转乘飞机回到日本，日本国民像迎接凯旋将军似的热烈欢迎他们。据当时日本报纸报道，在东京和日本各地都举行了欢迎他们的集会，听取他们关于访问新中国的见闻、观感及贸易问题的报告，还观看他们所带回的周总理赠送的中国故事片《白毛女》。日本各地参加集会的人数，像滚雪球似的越来越多，场面异常热闹，连许多不从事贸易的普通市民都涌到球场来听与新中国有关的贸易报告会或观看电影。报纸这样描述："盛况空前的报告会"，"简直是难以想象的"，"人们为第一次听到新中国的情况而沸腾"。

日本当局看到三位访华议员受到日本人民热烈欢迎的场面，也就不再提"严加惩处"的事了。

第一次中日民间贸易协议，议定"双方各向对方出口价值3000万英镑的货物"。而实际上只执行了总额的5.05%，实际贸易额仅为150万英镑。但如果没有当年第一个执行合同的38万英镑贸易额，使中日贸易协议从纸面文字过渡到实施阶段。50多年之后，2007年中日两国贸易总额创纪录的2360亿美元又从何而来呢？如今，中日贸易总额大大超过日美贸易总额，中国成为日本最大的贸易伙伴。

新中国第一个访日代表团
受到"比外国元首访日还热烈而盛大的欢迎"
——李德全率中国红十字代表团首次访问日本

图1.1954年10月30日下午,李德全率领中国红十字会代表团抵达东京。图为在羽田机场的欢迎仪式
图2.羽田机场的欢迎仪式

  图1选自中方史书画册,图2选自日方史籍。两图皆为新中国第一个访日代表团抵达东京羽田机场的照片,林立的话筒、热烈的场面、拥挤的迎宾大厅,足见欢迎仪式的热烈程度不亚于国家元首到访。

  自从1954年8月日本政府正式批准邀请中国红十字会代表团访日,这个

图3.李德全在新中国成立初期

图4.1950年11月，团长李德全、副团长廖承志率中国红十字会代表团先后出席世界第二届和平大会及国际红十
　　字大会。图为代表团乘火车抵达华沙后的留影

图5.1952年3月，团长李德全、副团长廖承志率中国红十字会代表团在朝鲜战场调查美军使用细菌弹的情景

来自新中国的第一个代表团就成了日本国民关注和议论的热点。日本的媒体纷
纷报道该团的种种信息，关于代表团团长李德全（图3）的报道沸沸扬扬，风
靡日本。她是新中国首任卫生部长兼中国红十字会会长（图4、图5），是新中
国两个开国女部长之一。她非共产党员的身世，从童养媳、基督徒到巾帼精英
的卓尔不凡的经历，他牵头谈判解决日侨归国，还有她美丽端庄的相貌，性格
与人性魅力等等，无不是媒体和坊间谈论的话题。

　　1950年，在蒙地卡罗国际红十字会议上，日本红十字会会长岛津忠承首次
与她见面，她在真诚负责地回答在华日侨归国问题时说："这是人道主义和
红十字会的义务。虽然这是旧政府时代遗留下来的问题，但我回去以后马上进
行调查，我愿按你的希望去办。"新中国解决在华日侨归国问题的序幕，就这
样拉开了。1952年去过北京的高良富议员介绍见她的情景：不施粉黛，布衣布
鞋，干练亲切，第一眼就感到她有着非凡的善心，使我觉得她答应的事是会认
真去做的。后来成为内阁首相、当时在日本很有声望的年轻议员中曾根康弘回
忆说，不久前我随国会议员访华团访问北京，有幸与李德全谈判，为她的魅力
所折服，在她主持的招待宴会上，我为李德全独唱了日本名曲《荒城之月》
（图6）。

图6.1954年夏，年轻议员中曾根康弘访华时，曾为李德全独唱日语歌
图7.东京华侨会馆大楼挂着五星红旗与欢迎的大条幅
图8.东京华侨总会等组织在万寿山为中国红十字会代表团举行盛大欢迎大会

　　新中国第一个代表团将赴日访问消息传出，美国反对，蒋帮当局反对，日本右翼也反对。李德全此次到日本，自然是国民党特务暗杀的好机会。再加上副团长廖承志是国民党左派元老廖仲恺的儿子，又是新中国高官，当然也是特务暗杀的目标。中日两国虽然没有外交关系，日本政府却觉得责任重大而不敢怠慢，也部署大批警力负责警卫。

　　在日本社会各界期待中，1954年10月30日下午，李德全率领的代表团乘坐加拿大太平洋航空公司客机，由香港直飞东京。飞机降落后，李德全步出舱门，金丝边眼镜，黑色软缎旗袍，端庄真诚地微笑着从舷梯款款走下来，她的形象被日本报纸称赞为"新中国妇女的真善美形象"。停机坪及候机厅里爆发出热烈的掌声，机场外聚集了3500多名旅日华侨和日本群众团体组成的欢迎团队，挥舞着五星红旗。旁边也有蒋帮人员及日本右翼组织来的人群，摇着白旗，被大批警察阻拦后，就狂喊反华口号。当时，东京的华侨团体皆插五星红旗，悬挂欢迎大字横幅（图7）。

　　尽管此次名义上是民间代表团访日，但是新中国领导人高度重视，正式组团前，周总理将该代表团访日文件及代表团名单送毛泽东、刘少奇、朱德、陈云及邓小平等审阅。周总理对代表团在日工作，考虑得很细。周恩

图9.李德全到人民音乐家聂耳墓献花悼念
图10.在日本红十字会驻地，日本内阁厚生大臣草叶隆园与李
　　德全率领的中国代表团见面时留影

来送行时对李德全强调说："李大姐，你带的这个团啊，只要到达东京，就是胜利！"

代表团乘坐的飞机在东京降落20分钟之后，新华社香港分社从启德机场得到代表团顺利抵日的消息，当即电告北京。原来，当代表团从香港乘机起飞时，周总理就一直牵挂在心，嘱咐新华社香港分社社长黄作梅随时报告情况。当时没有喷气式客机，从香港飞到东京要七个钟头，且台湾海峡形势非常紧张，万一飞机发生事故，被迫降落台湾，结果就可想而知了。得知飞机平安飞抵东京的消息，周总理才放下心来。

代表团胜利抵达日本后，客人与主人都极其高兴，到底这是中日友好关系史的一次突破性的访问啊！日本红十字会会长岛津忠承，十分热情地致欢迎辞。李德全团长用英语发表简短讲话，激起热烈掌声。接着，拥挤着的日本记者们纷纷提问，廖承志用地道流畅的江户音日语回答，谈起代表团这次到达日本的感受时说："中国的大文豪鲁迅先生说过，'世上本没有路，走的人多了，也便成了

180

路。'只要我们走下去，自然就会开出一条中日友好的大道！"他说的日语纯正，演讲的内容精彩，掌声及欢呼喝彩声顿时像涨潮一样响起，压过了场外的反华反共口号声。

旅日华侨团体在东京万寿山为祖国的代表团举行盛大欢迎会（图8）。李德全、廖承志和全团成员在东京出席了日本东部国民欢迎大会，岛津忠承、李德全先后讲话之后，廖承志又用日语即席讲话，讲到动情处，说："这次来到日本，第一，是为了中日友好；第二，还是为了中日友好；第三哪，中国人民愿与日本人民和平共处，永久友好！"

顿时，会场沸腾了！掌声雷动，欢呼如潮。这一切充分表达了中日两国人民的心声与共鸣。

在代表团抵日之前，在中国红十字会大力协助下，已经有近三万名日侨从中国各地回到了自己的祖国，这次代表团来到日本进一步与日本红十字会、日中友好协会、日本和平联络委员会三团体进行洽商，继续解决日侨回国的有关问题。这次还带来了在中国的日本战犯名单，并表示如受到中国政府委托，中国红十字会将就有关日本战犯问题给予援助。日本各地的归国侨胞和战犯家属对代表团来访更是深表感激和热烈欢迎。日本好些人还特地制作了手包、领带、书籍、影片及医疗器械品等礼物，赠送给代表团。有好些礼物特别有意义，如东京一个女学生发起了"欢迎李德全赠送两万只纸鹤"的运动，每只纸鹤里都有折叠者写的和平与友好的词句；在街头汇集千人缝针的和平鸽及千人签名的大幅红旗。东京特地举办了送礼仪式，有70多个团体的数百名代表参加，送给代表团的礼品重达十余吨。

负责接待代表团具体事务的日中友协理事长伊藤武雄，看到如此盛况，感到前所未有，感触地对代表团说："你们受到了比外国元首访日还热烈而盛大的欢迎，也可以说受到日本全民性的欢迎。"

中国红十字会代表团在东京、神户、大阪等地访问，到处强调中日友好是中国的国策，中日两国人民应该努力，使两国两千多年来的友好往来恢复与发展起来；代表团也转达了中国人民对日本人民今天所处环境的关怀与同情，并相信日本能够成为一个独立、和平、自由、民主的国家。代表团表示，为了中日友好，中国人民有克服一切困难的决心和信心。代表团的言行，在日本各地各界引起了广泛而热烈的反响和强烈的共鸣。李德全还到日本的聂耳墓悼念献花（图9）。

11月10日，中国红十字会代表团回到东京，准备动身回国。在此前，日本鸠山一郎内阁召开会议，顶着美国方面的压力，研究了中国代表团提出的意见，决定派出有关大臣按中方提出的方式见面。10日下午，在日本红十字会驻地，日本内阁厚生大臣草叶隆园与中国代表团见面。厚生大臣在日本内阁中相当于卫生部长。于是，李德全与草叶隆园两人的见面，成了中日两国政府部长级高官的第一次接触（图10）。草叶隆园对中国红十字会协助日侨回国表示感谢。草叶还掏出一份日本调查统计的日侨名单，说："我方的调查不一定正确，希望你们参考。"李德全接过说："既然草叶先生认为不一定正确，我们可以收下做参考。"草叶对廖承志说："日中两国应该多相互往来，希望中国方面也和日本政府多打交道，不要把我们抛在一边。"

11月12日，代表团结束访日离开东京，仍经香港回国。回到北京，周恩来亲自听取访日总结报告，高兴地对李德全、廖承志说："两三年之后，可以再去访问。"

中国红十字会代表团的访日拉开了中国各种代表团访日交流的序幕。

"威震抗日战场的王胡子来了"
——王震将军率中国农业代表团访日

图1.1939年5月，王震在太行山抗日战场向即将释放回国的日本俘虏训话。沙飞摄
图2.1939年5月，在五台山战场，将被释放的日俘在唱歌。沙飞摄

　　抗战初期，王震将军率领八路军三五九旅东渡黄河抗日，在太行山战场重创日军，名震中外。新中国成立之初，王震将军访日，在日本社会引起了很大的震动，成为当时的一大新闻。《朝日新闻》报道称："王震，震撼天下的王者！威震抗日战场的王胡子来了。"当时，促进日中友好的人们一片欢呼，反华右翼分子则咬牙切齿，用宣传车高音喇叭在机场外呼喊反华反共口号。

王震被称为胡子将军，得名于当年他凡领受任务，必蓄胡留须，使命不毕不净面。毛泽东、朱德戏称其为"王胡子"，日军亦称其为"胡子将军"。图3为王震1944年秋冬率部南下插入日占区敌后，横穿半个中国，所向披靡，两年后回延安向毛主席复命时，仍蓄胡子，出窑洞后才剃掉。新中国成立后，1955年—1957年三年间，中日民间往来与交流形成了前所未有的第一个高潮。经中央研究决定，由刚出任农垦部部长的抗日猛将王震，率中国农业代表团去日本进行友好访问。当时中央研究对日工作时，认为王震打仗的威风，日本人领教过的，出面访日能推进中日友好；但也有人担心中日没有建交，情况很复杂，王震赴日有危险。毛主席帮王震说话："他这个人，从来就没有怕的东西。"经毛主席批准，王震访日的事就这么定下来了。中国农业访日代表团起程之前，周恩来总理在西花

图3.王震率三五九旅南下支队打遍半个中国，重回延安时留着胡子向毛泽东汇报
图4.1957年11月，王震率中国农业代表团飞抵东京羽田机场，在机场受到热烈欢迎
图5.手握锄把的农垦部部长王震

厅接见王震及全团成员，明确交付两项任务：一是广交朋友，向日本宣传新中国的政策，促进中日建交；二是调研学习日本的先进技术，并授权王震酌情决定引进日本农业先进设备和技术等相关事宜。

1957年11月初，王震率领由中国农业精英组成的一个阵容强大的代表团飞抵东京，他脑袋剃得光光的，那把有名的将军胡子也不见了。应日本亚细亚农业交流协会的邀请，王震率团在日本访问了将近两个月，北自北海道，南至九州，所到之处，深入农村和牧场实地考察。当时，日本各级政府所属的农业实验场和研究机构，是由农林省和各地方政府直接管辖，没有上级政府主管的批准是不允许接待中国代表团参观考察的。此时，中日两国尚未建交，代表团又不可能与日本政府直接交涉，就靠民间友好团体的日本朋友从中斡旋，打通渠道。在日本各地，几乎所有日本国立和部分县级农业实验场和研究机构，都向中国代表团敞开了大门。日本农业单位很认真，按专业分工派出技术人员与中国专家举行对口座谈和交流，代表团也同日本农民、牧民亲切交谈，听日本技术人员详细介绍，这使得王震和中国农业代表团的专家们获益匪浅。王震不辞辛劳，总想尽量多地考察一些农村农场。代表团在北海道访问一家农户时，出现了非常戏剧性的场面：这家农户主人是一位老农，一见面就对王震说："我认识你，你当年是留着大胡子的呀！"老农曾是一位被迫卷入战争的日本普通士兵，战后回到赖以为生的故土。在自己朴素的家里，他接待了这位昔日在战场上名震海内外的八路军著名将领。坐在榻榻米上，他俩如同两位老农久别重逢，拉起了庄稼地上的家常，王震摸着老主人手上厚厚的老茧，说着、笑着，还搓着新谷。这样的画面，深深感动了一衣带水的中日两国人民。

王震在日本特别强调"深入农家，入乡随俗"。他要求了解日本农家是什么样子，要吃农民的饭菜，看看用什么农具，怎么养猪养鸡的，一户养多少猪、多少鸡等等。他还注意到日本不少乡下农户家里贴有"和为贵"、"仁者不忧"之类的汉字条幅。他与主人交谈，主人说知道"和为贵"是孟

图6.王震出访日本之前，登门拜访廖承志和何香凝两位"日本通"，征询意见
图7.王震访日时试用日本喷雾器

子名言，"仁者不忧"是孔子名言。他从中感受到中国文化在日本深入人心。当地县里派来的人都知道王震是中国的"高级干部"、"大人物"，竟然如此亲切和蔼、平易近人，如此深入实地做考察，一点架子都没有，他们都感到很吃惊。代表团觉得访问很有价值，在日本的访问时间延长了，超过了原来的签证日期。日本政府批准延长访问要求的手续很繁琐，甚至有带侮辱性的条文。例如，要填写身长、面部特征和眼睛、头发的颜色等。王震抓住要填写面部特征这一条，半开玩笑甚至挖苦地对日方人员说："你看，你们要中国人填写这些内容，我们还有什么'面子'？！"王震在原则问题上寸步不让，指示大家坚决不填这些带侮辱性的项目。

王震很注意沿途观察农情。一次他发现路边刚收割过的农田里，有一台小巧的农机在忙碌。他示意停车，大步走去观看。这是他第一次见到手扶拖拉机。他很兴奋，反复向拖拉机手询问，还亲自到驾驶座去试一试。精通农务的王震认为，如此小巧的机器很适用于中国广袤的种稻地区，他当机立断决定买一台带回中国。他留心观察到塑料薄膜在日本农村用途很广，日本临海多雨，轻便的塑料薄膜很适合在多雨的田间种庄稼，能打破季节局限。菜

图8.1974年9月29日，中日建交两周年纪念日，王震乘中国民航波音707型首航班机飞抵东京
图9.1984年4月，王震在松山市公园里与日本妇女同跳扇子舞

农和果农广泛利用塑料薄膜培育反季节的蔬菜、水果；塑料薄膜还被粮农用来架棚育苗、育秧，有效提高作物的产量。王震觉得塑料薄膜对发展中国农业用处很大，也决定购买一部分。据担任王震翻译的刘德有回忆，"这两项加在一起，总共花了500万美元。这在当时是一个很大的数额。"回国后，王震向中央写了专题报告，建议开发、推广、普及手扶拖拉机和塑料薄膜。中央很重视，手扶拖拉机和塑料薄膜很快就在全国推广应用，很受广大农民欢迎。这两

项农具已经深入中国农村，至今还对中国农业生产起着重要作用。

访问结束时，中央从王震安全考虑，指示代表团乘苏联轮船回国，从横滨起航，直航吴淞口，于同年12月31日岁末返抵上海。王震一回北京，毛主席就要见他。在中南海，毛主席一见王震，劈头就问："怎么样？有惊无险吧！"

王震汇报："报告主席，日本有人处处给我们设置障碍，但日本人民、各界友好人士却冒着危险接待我们，对代表团很热情，十分友好。"

毛主席听了王震的具体事例，又问："这次访日，印象最深的是什么？"王震说："好些日本农户家里都挂着'和为贵'的条幅。"

毛主席寻思片刻，意味深长地说："日本农民供奉着孟老夫子的哲言，大家热情接待，有人还知道你的大胡子和三五九旅。这说明了什么？说明了日本民族和我们有着不少共同的民族特征，日本人民对侵华战争有正确的认识，有着伟大的和平愿望，两国人民的友谊是根深蒂固的，两个国家和两国人民应该世世代代和平友好相处。"

当王震汇报了手扶拖拉机和塑料薄膜等先进的日本农业技术时，毛主席说："日本民族是伟大的民族，既保持自己民族的本来特性，又能非常敏感地接受外来的新技术。我们应该向日本民族学习啊。"

此后，王震多年致力于促进与发展中日友好关系，晚年出任中日友协名誉会长，并多次赴日本访问。

本文材料来自作者于上世纪80年代对王震的多次采访，并部分参用当年随王震访日翻译刘德有先生的回忆文章《随王震访日》，以及2001年4月当代中国出版社出版的《王震传》。谨以致谢。

芭蕾《白毛女》的轮回
——中日文化交流的佳话

图1.1955年2月，日本松山芭蕾舞团在东京首次公演《白毛女》。图为松山树子饰演白毛女的剧照

图2.1958年10月1日，周恩来特意安排三个"白毛女"见面并介绍给中外新闻记者。这是周恩来与王昆、松山树子、田华的合影

　　新中国成立之初，日本国会高良富、帆足计和宫腰喜助三位议员，冒着"犯法"的风险，冲破日本政府设置的重重障碍，绕道欧洲辗转来到北京。这三人成为新中国成立后第一批访华的日本政界人士，在与中方签订第一个中日民间贸易协议的过程中，得到一个意想不到的收获：周总理赠送给他们

图3.1964年10月，毛泽东接见松山树子时说："你们是（芭蕾舞的）前辈，我们要向你们学习。"
图4.1964年10月，毛泽东、刘少奇、朱德等在观看日本芭蕾舞剧《白毛女》后，接见了清水正夫、松山树子率
    领的松山芭蕾舞团

由贺敬之等创作的歌剧改编而成的电影《白毛女》。于是1952年的仲夏，在中
国家喻户晓的《白毛女》，经由民间渠道带到了日本。

　　据当时日本报纸报道及日中友好协会编写的《日中友好运动史》记载，
在东京及日本各地都举行了欢迎三位议员的集会：7月3日，在大阪的扇町广
场有1.7万人举行欢迎集会；7月4日，在神户的凑川公园有1万多人欢迎；7月5
日，在京都东山的丸山公园有6000人的集会；7月7日，在名古屋的大须球场有
盛况空前的4万人集会。在议员介绍他们访问新中国之行的报告会后，都举行
"《白毛女》观映会"，故事片《白毛女》。中国《白毛女》就这样在日本四
岛传开了。

　　当时，有一个30岁出头的日本男青年，在东京江东区一个小会堂里第一次
看到了电影《白毛女》，深受感动，便紧跟着报告会路线多次观看这部电影，
他就是清水正夫。清水也竭力推荐妻子松山树子去观看。当时清水深为感动
地说："这部影片好极了，将对日本的妇女解放运动产生极大的影响。"松山
说："其故事情节具有明显的序、破、急，主人公喜儿的黑头发一下子变成白
发，很适合改编为芭蕾舞。" 清水正夫、松山树子夫妇1948年创建日本松山
芭蕾舞团，分别担任正、副团长。夫妻俩多次观看电影《白毛女》，双双决定
将其改编为芭蕾舞，搬上日本舞台。

图5.日本松山芭蕾舞团在广州市郊区演出《白毛女》的盛况
图6.1972年7月，孙平化率领上海舞剧团访问日本
图7.1978年9月，邓颖超接见四位白毛女。从左至右：王昆、松山树子、邓颖超、森下洋子、田华

　　其时，清水正夫、松山树子夫妇只看过电影《白毛女》，手头没有什么别的资料，他们向中国求助，给中国戏剧家协会写了一封信，请求提供有关《白毛女》的详细资料。1953年年底，他们收到中国戏剧家协会主席田汉的回信，随信还有歌剧版《白毛女》的剧本、乐谱，以及舞台剧照。在他们的努力下，1954年日本东京未来社出版了日文版的以中国歌剧剧本和曲谱为内容的《白毛女》一书，译者为坂井照子、岛田政雄等。接着，日本作曲家林光参考歌剧版《白毛女》的乐谱，创作了日本芭蕾舞版《白毛女》的音乐。为了显示芭蕾舞演员苗条的身姿，使人物造型更符合芭蕾舞的特色，松山树子专门为喜儿设计了银白色的造型服装。后来，中国芭蕾舞剧《白毛女》也采用了这一造型服装。1955年2月12日，经过两年多的艰苦创作，松山芭蕾舞团终于在东京著名的日比谷公会堂上演了芭蕾舞剧《白毛女》。清水在回忆录里写道，当时东京的剧场奇缺，许多希望得到表演场地的团体或艺术家，均需采用先交款后抽签的办法来获得剧场使用档期。当时剧团经济实力不强，清水夫妇就抵押了自己的房产和土地向银行贷款，发动几个团员带着钱去排队抽签。幸运的是他们抽到了2月12日和18日两个演出日期。日本的芭蕾舞剧艺术，一向是以西洋芭蕾为主体，而要演绎中国民间文学中"白毛仙姑"的故事，需要付出很大的勇气和艰苦的创业精神。松山芭蕾舞团顶着当时巨大的政治压力，终于成功上演了

图8.1978年，日本"第二代白毛女"森下洋子演出的剧照
图9.1978年10月，中日两国"白毛女"们相聚北京。这是中国舞剧团与日本松山芭蕾舞团两国《白毛女》剧组的亲切相会。这次，日本两代白毛女松山树子（二排左二）和森下洋子（二排左六）皆在场，日本芭蕾舞《白毛女》创作者清水正夫笑容满面（二排左四）

《白毛女》，松山树子扮演主角喜儿。清水正夫创作的芭蕾舞剧《白毛女》，博得了广大日本观众的好评。清水回忆道："那天天气非常冷，但是人山人海，想加座都没有了。看上去，大部分的观众都是大学生和工人等年轻人。"松山回忆说："我还很清楚地记得芭蕾舞剧《白毛女》的首演，我亲身感受到了观众的热情，我只是拼命地跳舞。谢幕的时候，观众的掌声经久不停。我看到前排的观众都流着泪水，有的甚至大声地哭了起来，台上的演员也抑制不住自己的感情，都流着眼泪谢幕。"

同年5月，松山树子作为日本代表参加了赫尔辛基世界和平大会，会后应郭沫若之邀到中国访问，并出席了这年10月1日北京的国庆晚宴。宴会厅里，周总理特地把我国歌剧和电影《白毛女》的主角王昆、田华介绍给松山树子，并当众宣布："诸位，今天有日本的'白毛女'松山树子女士光临，这里还有中国的'白毛女'，我荣幸地把她们介绍给各位，请大家照相。"由周总理亲自"导演"的这次会面，给松山树子留下了极为深刻的印象，她既惊讶又感动。这次会面影响了她的一生，从此，她与王昆、田华成了关系密切的好朋友。在中国"白毛女"的帮助下，松山树子将她的《白毛女》做了大尺度的修

图10.2008年5月，胡锦涛访日期间看望清水正夫
图11.2008年5月，胡锦涛访日期间看望松山树子

改，做到精益求精。1958年3月3日至5月1日，应周总理邀请，松山树子与清水正夫携芭蕾舞剧《白毛女》第一次回到中国"娘家"演出，全团一行46人，先后在北京、重庆、武汉、上海等地演出28场，极为轰动，受到中国人民的热烈欢迎。1964年他们再次来中国演出时，毛泽东、刘少奇、朱德等领导人观看演出并接见全体演员。中国方面受到启发与推动，学习日本将《白毛女》改编成芭蕾舞剧，由上海芭蕾舞学校师生经过努力，于1964年首演了中国的芭蕾舞剧《白毛女》。

松山芭蕾舞团赴华演出，开辟了两国人民交往的一条新道路。《白毛女》在日本获得了成功，使得松山芭蕾舞团与中国结下了极深的情缘。中国改革开放以前，该团访华演出次数高达八次，在众多来华演出的外国文艺团体中是独一无二的。

在中美关系解冻的国际环境下，1972年7月7日，日本新首相田中角荣在首次内阁会议上就明确表示："要以实现同中华人民共和国邦交正常化为己任，在动荡的世界形势中力求推进和平外交。"三天之后，7月10日，孙平化团长率上海舞剧团一行208人抵达日本，进行为期一个多月的友好访问，演出以

《白毛女》为主的舞剧节目。这次上海舞剧团赴日演出，在两国文化交流上被称为"白毛女轮回"，在中日建交历史上被称为"芭蕾外交"，促成了与日本政府解决两国复交的重大突破。代表团到达日本后不久，周恩来总理专门托人捎重要指示给孙平化、萧向前等，请他们正式转达对田中首相访华的邀请。为此，孙平化、萧向前等先后四次会见了田中内阁的外相大平正芳。上海舞剧团回国的前一天，田中首相亲自接见了孙平化和萧向前，田中首相感谢周总理的盛情邀请并表示他已决定访华，当天就举行了访华记者招待会。受此影响，日本派出两架专机送上海舞剧团全体人员回国，8月16日，代表团乘坐有史以来首次直航上海的专机离开了日本。同年9月25日，田中首相访问中国，两国终于实现了邦交正常化。

值得一提的是，日本新一代"白毛女"在中日友好的热流中成长起来。与松山芭蕾舞团同年诞生的清水正夫长子清水哲太郎，及广岛出生的森下洋子，同样自幼攻学芭蕾。两人初识不久，洋子看了芭蕾舞剧《白毛女》深受感动，下决心从日本牧芭蕾舞团"跳槽"到松山芭蕾舞团，并与清水哲太郎结下百年之好。森下洋子所饰演的"白毛女"，又有了新的造诣，两人经常联袂出演，屡获大奖，是名副其实的比翼双飞。清水正夫和松山树子创立的松山芭蕾舞团，在前期奠定了雄厚的基础，清水哲太郎与森下洋子则使这个团真正实现了质的飞跃，成为日本顶尖的芭蕾舞团。该团精心排练的《白毛女》，于1978年再次访华公演。在人民大会堂的招待会上，王昆、田华、松山树子，再加上新一代的森下洋子，中日"白毛女"再度相逢。邓颖超也亲临祝贺，她说："恩来走了，我来代替他。"

2008年5月，胡锦涛总书记访日，亲自前往日本松山芭蕾舞团驻地看望了清水正夫、松山树子与全团演职人员，表彰他们对发展中日友好关系的重要贡献。2008年笔者撰写此文时，惊悉日本松山芭蕾舞团理事长清水正夫6月25日傍晚因多脏器功能衰竭在东京去世，享年87岁。谨以此文追悼这位对中日文化交流做出卓越贡献的先驱者。

周恩来与日本首相特使在亚非会议上"偶然邂逅"

——鸠山首相不顾美国反对派高官会见周恩来

图1.1955年4月25日，万隆会议散会后，周恩来在酒店与日本代表团成员合影
图2.万隆城里的独立宫，亚非会议会址

　　在我国保存的关于周恩来总理率团出席万隆亚非会议的全部照片中，主题照片图1，虽然清晰度不高，却是中日两国外交史上最重要的照片之一。它拍摄于1955年4月25日，万隆会议散会翌日，是住在万隆郊区的周总理进城去霍曼饭店与日本代表团成员见面时留下的，见面时间很短，主要是与团员们认识一下及告辞。照片中周总理左后就是兼任翻译的廖承志。照片是日方团员所拍，多年之后，日本朋友将照片赠给周总理和廖承志。

图3.万隆城郊塔曼萨里街10号,周恩来参加亚非会议时的驻地
图4.时任美国国务卿的约翰·杜勒斯对亚非独立国家举行万隆会议极为恼火
图5.约翰·杜勒斯的弟弟艾伦·杜勒斯是美国中央情报局局长

　　说这张照片重要,是因为它是周总理与战后日本在任内阁高官的首次见面,它的背后还有一场鲜为人知的影响中日关系史的绝密会谈——周总理与日本首相特使高碕达之助的会谈。高碕达之助是日本内阁经济审计厅长官,同时任万隆会议日本代表团团长、日方首席代表。这次会谈后,高碕达之助成为中日友好关系史上永载史册的人物。高碕达之助晚年悼念周总理时说:万隆之行与周总理的重要会面,成为日中关系史重要的一页,从此,我对政治和外交产生了浓厚的兴趣,改变了我的一生。

　　1955年4月18日,在万隆市中心独立大厦亚非会议开幕式大厅(图2),来自亚非29个国家代表团成员们相互会面,场面热闹,中日双方团长悄悄短暂接触,约定了秘密见面会谈的时间地点。周总理刚刚在"克什米尔公主"号空难中幸免于难,印尼当局很重视周总理的安全,安排周总理住在城郊山区塔曼萨里街10号院(图3),因此,双方商定这次秘密会谈地点就选在此地。按照双方约定,4月22日凌晨5点,天还蒙蒙亮,廖承志就乘着贴有特别通行证的周总理的黑色专车从这个院里出来,沿山路进城,经印尼军警检查,通过了市区路口用装甲车架设的关卡。早上6时许,车子驶到独立宫附近的霍曼饭店时,高碕达之助和翻译冈田晃两人已经等候在饭店门前石柱旁。车没有熄火,车门一

图6.时任日本首相的鸠山一郎
图7.鸠山会馆外景
图8.鸠山会馆的正门弧形大窗上装饰着吉祥的鸠鸟

开，高碕二人迅速上车，随即开走。车子驶到城外一个僻静处，又换了早已等候着的另一辆车，然后，再驶回周恩来下榻的院子。日方翻译冈田晃后来成了日本有名的外交官，曾任日本驻香港总领事，其晚年回忆说那次万隆见面确实安排得很神秘，"那时，日中两国政府代表是否借会议之机举行会谈，是全世界密切关注的焦点。为了不走漏风声，双方曾为怎样才能保守机密而煞费苦心。"

鸠山一郎首相主张日本要参加亚非各国首脑参加的万隆会议，但是遭到盟友美国反对，特别是正在构建反华反共弧形包围圈的美国国务卿约翰·杜勒斯（图4）更是极力反对。当时，杜勒斯国务卿的弟弟艾伦·杜勒斯（图5）任美国中央情报局局长，兄弟俩积极配合反对这次会议。中情局派出数十人的庞大"新闻记者团"，前来所谓"采访会议"，其实就是蓄意破坏及施加压力。美国这个团里大都是特务和情报人员，可以说，万隆会议会场内外，到处都有美国中情局布下的耳目。日本代表团的一举一动，自然是各国媒体和美国情报人员高度"关照"的。

鸠山首相（图6）召开日本内阁开会讨论时说："虽然这是一次难得的与亚非各国政府首脑接触的好机会，日本是应该去的，本来理应由我率团出席，

图9.鸠山一郎与两个孙子。右一为后来曾任首相的鸠山由纪夫

图10.1960年10月，周恩来与在万隆秘密会见的老朋友高碕达之助再次在北京相见，两人高兴地手挽手合影

图11.1962年10月，廖承志与高碕达之助在签订了《中日贸易备忘录》之后相互握手祝贺

但是出于大家所知道的原因，还是由大臣去吧。"

鸠山一郎在讲话中只是泛点"由大臣"去吧，没有冠以"外交大臣"是有原因的。因外务大臣重光葵追随美国，私下明确表示不愿去。内阁会议上有一种主张，认为日本不参加这个会议为好；也有一些大臣赞成日本要出席亚非会议，特别是经济审计厅长官高碕达之助。高碕达之助是主管经济贸易的，极力主张通过这次国际会议扩大与亚非各国领导人的接触往来，包括与新中国代表的接触，扩大与各国的经济贸易是有利于日本经济复兴的。高碕达之助在日本是位在经济界很知名的实干家，二战期间来到中国东北，先后出任过"满洲飞机制造公司"、"满洲重工业开发公司"及"满洲矿山"等企业的理事长或总裁等要职；回国后仍致力于实业，任电源开发公司总裁。高碕的才干及敬业精神为鸠山首相所器重，虽高碕已年近七旬仍请其出任经济审计厅长官。鸠山也了解高碕是对中国很有体验的人，也认可高碕的主张：日本经济复兴与地大物博的中国关系紧要，双方建立良好的经济贸易关系是大势所趋。

行前，高碕达之助来到鸠山首相住处鸠山公馆（图7—图9），面聆亲示。鸠山公馆是鸠山家族的豪宅，是于20世纪30年代修建的著名西式建筑。鸠山一郎因小儿麻痹症而落下行动不便，需常坐轮椅，其任内实现了日苏建交，日本加入联合国。此次派政府代表团出席亚非会议，被右翼报纸调侃为"行动不便的人决定了日本的外交行动"。

周恩来与高碕达之助第一次在开幕式大厅里短暂接触，还是被细心的记者发现了。此事被众多媒体大肆渲染炒作，说什么"中共总理与日本内阁高官一见面，晤谈甚欢"，"蒋政权不获邀请而被排斥与会，毛共总理与日本代表之见面就十分耐人寻味"等等。

消息见报之后，老练的高碕达之助一方面叮嘱冈田晃，绝不能让下次与周恩来的会谈走漏风声；接着，请随团来万隆的外务省顾问谷先生去向美国驻印尼大使作一番解释。鉴于东京方面十分顾忌这次日中对话会遭到美国和台湾的反对，因此，高碕达之助在给外务大臣重光葵的会议报告中特意添加了一段话："18日晨，在开幕式之前，各国首席代表在饭店门口大厅迎候东道国印尼总统苏加诺，周恩来总理正好站在我旁边，我便寒暄了一下。这个情景被记者看到，进行了渲染性报道。为了避免造成误会，我已让外务省顾问谷就此事向美国驻印尼大使作了内部说明。"

上面所引这段文字，是在中日两国建交许多年之后，在上世纪末期日本外务省解密的外交档案中披露的。

日本代表按出发前在国内所商量的，考虑到日本发动过战争，入侵过许多亚洲国家，故特意准备了在会上提出一项"和平宣言"提案。在万隆会议的和平促进委员会会议上，日本就提出了这项提案。但是，中国代表团团长周恩来已经提出了关于亚非及世界和平问题的提案，并已获得许多与会代表的赞赏。日本提出的"和平宣言"提案，由于国际大环境及二战刚结束不久，一些曾受侵略与蹂躏的国家对日本抱有一定的看法；于是，日本提案应者寥寥，似难通过。这个时候，周恩来对日本采取"拉一把"的办法，在和平促进委员会会议上最早赞同日本的提案。周恩来表示说，日本的"这个提案很好，一定要让它通过"；如大会一致同意把日本发言中提出的"和平宣言"作为大会的提案，中国的提案可以撤回。当时，周恩来的"求同存异"的著名演说挽救了一度面临分裂崩溃的大会，也使周恩来的形象在亚非会议上如日中天，威信很高。这样，日本提出的"和平宣言"就作为万隆亚非会议的正式决议获得了通过。

高碕达之助及日本代表们亲身感受到日本的提案得到周恩来的重视和推荐才被大会采用，这对提高日本的国际地位大有助益，十分高兴。代表团回国后，鸠山首相听取了高碕达之助的汇报，觉得日本参加万隆会议收获不小。

高碕达之助曾撰文回忆道："周恩来和高碕达之助在亚非会议的接触是历史性的瞬间，它开辟了日中两国贸易乃至邦交正常化的道路（图10、图11）。但由于日本担心此事影响日美关系，不得不把这次接触说成'偶然邂逅'。"

鸠山家族一贯对新中国友好，鸠山由纪夫的父亲对"文革"期间我国样板戏《红灯记》中袁世海演的反派主角儿冠名"鸠山"很在意，曾向我方提出改名意见。但很快"四人帮"倒台，该剧成了历史，改名之事也就不了了之了。

"兰花外交"获重大突破，中国密使化解中日贸易困境

——松村谦三苦心推动中日互设贸易办事处与互换记者

图1.1964年4月17日，朱德请松村谦三欣赏兰花
图2.1964年4月，兰友又相会了，朱德与松村谦三握手。日本共同社提供
图3.朱德正在修剪兰花

　　主题照片图1中的朱老总、松村谦三及其女儿三人目光如此一致地聚焦在一盆兰花上，这是朱老总在家里给客人展示的一盆名贵兰花。

　　1964年4月17日下午，日本自民党执政期间，该党元老、顾问松村谦三来中国访问（图2）。之所以有如此高的雅兴与"兰友"朱老总切磋兰艺，是因

图4.松村谦三
图5.1959年，松村谦三首访新中国时与周恩来会见握手

为在他带动的一批日本政治家的推动下，于4月13日与周总理会谈后，取得了冷战时代中日关系一个里程碑式的成果：双方就互在对方首都设立贸易办事处并派驻代表、互换记者达成协议。当时，在美国的控制及日本右翼势力强大的背景下，中日关系取得这一重大进展，确实来之不易！松村谦三是日本著名政治家，年轻时到过中国许多地方，对中国、中华文化及中国人民有深厚的感情。他高瞻远瞩地认为日本的前途在于发展日中两国世代友好，因而在晚年苦心孤诣、孜孜不倦地为发展日中友好而奔波。

松村先生（图4）平生最爱兰花，可算是日本顶级的兰花专家，他在东京郊区的家就是一个长青的兰室，培育着数不清的中国兰，据说其数量、品种之多为日本四岛之冠。松村到中国访问，每到一处，必问有无兰花，必看必买珍稀品种。他1959年9月首访新中国时（图5），经周总理介绍就与中国以养兰爱兰闻名的朱德委员长结为"兰友"，他专门到朱老总家看兰花，两人还就此热烈讨论。他还与我国对日工作负责人、早稻田大学校友廖承志结为挚友。当时，中日关系发展的道路虽然曲折艰辛，但开拓者为两国友好坚持不懈地努力，为后来两国正式建交打下了良好的基础。在松村老先生的竭力推动下（图6），中日双方于1962年11月签署了《中日长期综合贸易备忘录》，中国将首次从日本

图6.1962年9月，中秋节翌日，周恩来、陈毅宴请访华的松村谦三
图7.1963年4月底，松村谦三在家宴请中国兰花代表团

引进新技术和大型先进成套工业设备。协议虽成功签署了，但在日本贯彻时阻力很大，遭遇到了难以想象的困难。

1963年4月间，松村多次给廖承志打电话，在越海长途电话里不便明说所遭遇的困境，而是反复要求中方尽快派一个兰花代表团到日本访问。廖承志很熟悉日本政情，觉得情况不寻常，迅速报告周总理。周总理与廖承志判断说，"醉翁之意不在酒，松村之意不在兰"，领会对方"快派兰花代表团"的深意，肯定是备忘录贸易陷入了困境，以兰花代表团名义访日可以省去许多不必要的麻烦。于是，总理决策，立刻选人组团去日本。由真正的兰花高手、福建省委统战部长张兆汉任团长，廖承志对日工作的三位得力助手孙平化、王晓云与王效贤为代表团成员，并在广州兰圃找了一个见过松村的老花工，全团五人，于4月29日起程赴日。

虽说孙平化连"兰花与韭菜"都分不清，却是代表团最重要的人物。松村谦三亲自出面热情接待（图7），他并不富裕却打算支付中国兰花代表团访日的全部费用。代表团访日期间，松村安排了一些兰花交流活动，但这并不是代表团访日的重点。代表团访日数天就回国了，孙平化等三人却留下来成为中方密使，开始了这次访日最重要的活动。在日方备忘录贸易主要负责人河合良一

图8.1964年4月13日，中日双方签署备忘录贸易协议之后，周恩来与松村谦三及其随员们合影

图9.1964年9月29日夜间，新中国首批驻日记者七人飞抵东京羽田机场。图片为刘延州提供

图10.中日建交后，1973年4月22日，中日友好代表团团长廖承志、副团长张香山率团到东京郊区护国寺的松村谦三陵墓献花悼念

的秘密安排下，孙平化等三人先后秘密会见了日本政坛的实力派人物。会见的方式，或是在某要人庭院大草坪的盛大酒会上"密会"，或是在闹市餐馆中"偶遇"。孙平化等三人先后会见了通产省主管官员渡边弥荣司、建设大臣河野一郎以及后来成为外相的园田直等，孙平化还特别委托高碕达之助与首相池田勇人就中日贸易问题进行沟通。高碕秘密会见池田首相之后，向孙平化转达

了首相的话：告诉中方，日本内阁已基本下决心批准向中国出口维尼纶成套设备。一系列的秘密外交终于有了成果。1963年6月29日，中日双方在北京签订了引进日本维尼纶成套设备的合同，总金额为73.58亿日元。这大大增强了日本商界发展中日贸易的信心。此次"兰花外交"获得了很大的成功。接着，松村谦三于1964年4月访问北京会晤周恩来（图8），解决了中日互在对方首都设立贸易办事处并派驻代表、互换记者协议的具体问题。不仅双方的办事处在对方首都正式设立了，1964年9月29日这一天，双方首批常驻记者也抵达对方首都。这天夜里，飞抵东京羽田机场的中国首批七名驻日记者为：丁拓、李红、李国仁、刘宗孟、刘德有、刘延州和田家农（图9）。

十分遗憾的是，倡议"兰花外交"的松村老先生并没能亲眼看到中日关系正常化，他于1971年因病去世，享年88岁。但老人对中日友好关系的贡献，永为中国人民所铭记与怀念（图10）。

鸣谢与告知

新华社摄影部《摄影世界》杂志"新中国外交照片揭秘"专栏及本书的问世，承蒙以下机构与个人的支持、协助，谨此鸣谢：

新华社、新华社摄影部、中国照片档案馆、新华社图书馆、中共中央文献研究室、中央档案馆、外交部档案馆、外交部世界知识出版社图书馆、解放军军科院图书馆、北京档案馆、上海宋庆龄故居、广东省档案馆、东江纵队纪念馆、洛杉矶尼克松总统故居图书馆、美国国会图书馆、法国夏尔·戴高乐基金会、日本共同社、日中友好协会、英国BBC资料库、加拿大白求恩故居纪念馆、柯棣华纪念馆、香港图书馆、香港中文大学图书馆、香港大公报资料室、越南通讯社、越南河内胡志明博物馆、缅甸联邦政府文化部、我国驻印度尼西亚大使馆、王震将军、罗青长先生、童小鹏先生、李琦先生、黄华先生、符浩先生、王殊先生、凌青先生、冀朝铸先生、唐龙彬先生、夏衍先生、郑义先生、安国政先生、任元华先生、曾发先生、伊文思导演（荷兰）、谢伟思先生（美国）、村冈久平先生（日本）、阮辉欢先生（越南）等。

"新中国外交照片揭秘"专栏及由此专栏结集出版的《新中国外交照片解读》一书，除大量使用了新华社的照片外，还使用了一些从多种渠道获得的史料及照片，有些因年代久远或其他历史原因，未能署上拍摄者的姓名，这不能不说是一个遗憾。在此特别告知：敬请相关照片拍摄者得悉后与我们联系。

（京）新登字083号

图书在版编目（CIP）数据

新中国外交照片解读／陈敦德著.
－北京：中国青年出版社，2012.1
（《摄影世界》丛书）
ISBN 978-7-5153-0371-0

I. ①新… II. ①陈… III. ①外交-中国-图集
IV. ①D82-64
中国版本图书馆CIP数据核字（2011）第232810号

策　　划：《摄影世界》杂志社
特约编辑：万红强

出版发行：中国青年出版社
社　　址：北京东四十二条21号
邮　　编：100708
网　　址：www.cyp.com.cn
营销中心：010-57350370
编辑电话：010-57350504
印　　刷：中青印刷厂
经　　销：新华书店
规　　格：700×1000　1/16
印　　张：13.75
字　　数：100千字
印　　数：1-6000册
版　　次：2012年2月北京第1版
印　　次：2012年2月北京第1次印刷
定　　价：35.00元